mcm
publicações

AF367310

Mergulhando
em Deus

Nilce Sousa

Mergulhando em Deus
Copyright © 2013 Nilce Sousa

DIREITOS RESERVADOS – É proibida a reprodução total ou parcial da obra, de qualquer forma ou por qualquer meio sem a autorização prévia e por escrito do autor. A violação dos Direitos Autorais (Lei nº 9610/98) é crime estabelecido pelo artigo 48 do Código Penal.

1ª Edição: Novembro de 2013

Coordenação Editorial: Nilce Sousa
Edição: Regiane Ibernon Prates
 Andréa Monferrari Queiroz
Revisão: Regiane Ibernon Prates
 Marcio Augusto Prates
Diagramação e projeto gráfico: Layanne Ribeiro
Capa: Layanne Ribeiro

S725m   Sousa, Nilce
        Mergulhando em Deus / Nilce Sousa. – 1. ed. – Trindade-GO : MCM, 2013.
        120 p.

        ISBN - 978-85-63673-65-7
        Inclui bibliografia

        1. Vida Cristã. 2. Crescimento Espiritual. 3. Testemunhos. 4. Autoajuda. 5. Fé. 6. Ousadia. 7. Maturidade. I. Título.

                                                              CDU: 159.962.7
        Catalogação na publicação por: Onélia Silva Guimarães CRB-1/071

Publicado no Brasil por: MCM Publicações
Rua Santo Antonio, 230
Bairro Santo Onofre Cep: 75.380-000
Trindade - GO Brasil
www.mcmpovos.com

Agradecimentos

Agradeço a Deus, por me livrar do laço da morte, por me permitir viver para que hoje, após vários anos da minha vida, eu pudesse aprender e ensinar o que aprendi com todas as situações vividas.

Sou grata à minha família de sangue, por estamos juntos nos momentos tristes e alegres. A nossa união é algo que nos fortalece.

Agradeço também a todos que fizeram parte do momento de cura e restauração em minha vida pessoal e ministerial, principalmente meus amigos e líderes de Caldas Novas , da Igreja Reviver Para Cristo e Igreja Plena Paz, e da MCM (Missão Cristã Mundial).

Em especial, agradeço à minha equipe de editores e produção, que tem caminhado com tanto afinco, sonhando os sonhos do coração do Pai comigo.

Valeu, queridos!!!

Prefácio

Este livro é o primeiro de uma série composta de três obras, "**Mergulhando em Deus**", "**Mergulhando no Espírito Santo**" e "**Mergulhando nos Dons Proféticos**".

Neles, eu relato o meu crescimento pessoal e maturidade. Foram muitos anos buscando conhecer o Espírito Santo, mais e mais, a cada dia, mês e ano. Não o vejo como ministério, mas como estilo de vida. Algo que realmente move o meu coração. É como o ar que respiro. Estar sem Ele é como ficar sem um pedaço de mim mesma.

Que as páginas destes materiais possam levá-lo a querer conhecê-lo mais do que a você mesmo.

Nunca se vanglorie do que já tem do Senhor, pois Ele é um rio de águas vivas que nunca secam. Seja o que for que você tenha, ainda é pouco perto da sua dimensão.

Com Carinho...

Nilce Sousa

Índice

Introdução.. 9

capítulo 1 - Águas rasas.. 11

capítulo 2 - Águas profundas................................ 19

capítulo 3 - O mergulho.. 35

capítulo 4 - O equipamento.................................. 47

capítulo 5 - O preparo... 57

capítulo 6 - O investimento.................................. 73

capítulo 7 - O medo.. 83

capítulo 8 - O mergulho livre.............................. 97

capítulo 9 - A linguagem do mergulhador.......... 103

capítulo 10 - A pérola negra................................ 111

Bibliografia.. 119

Introdução

Deus fez uma criança que tinha medo de água suja se transformar em uma mergulhadora profissional. A minha habilitação para mergulho, a "*Brevet* Internacional", é um testemunho de que podemos tudo naquele que nos fortalece. Sempre que olho para ela, lembro-me do meu passado e de tudo o que conquistei com o Senhor.

Água, para mim, tempos atrás, era sinônimo de morte. Hoje, indica testemunho. Onde eu via morte, Ele me fez ver vida e vida em abundância.

Este material não é apenas uma analogia de um mergulhador nos ensinando a mergulhar em Deus. É, sim, um testemunho de ousadia e conquista, para provar que você também pode vencer os seus medos. Segure nas mãos do Espírito Santo e vá com Ele. Enfrente os seus temores. Não desista de lutar. Você pode vencê-los com Jesus.

O fato deste material estarem suas mãos é uma prova de

que é a vontade dEle que você não desista.

Neste livro, usamos a figura de um mergulhador profissional para fazer uma analogia com a nossa vida em Deus. Tomamos os exemplos do mergulhador e do homem espiritual, pois ambos buscam um ideal, passam por obstáculos e vencem barreiras para alcançar os seus objetivos. Os dois vivem procurando estar, a cada dia, nas águas mais profundas.

O mergulhador descobre mistérios e riquezas que os outros não conseguiram conhecer. Tem o prazer de mostrá-los. Não os guarda consigo. A sua descoberta passa a ser preciosa para ele e para todos que o cercam. Da mesma forma, apenas homens espirituais conseguem se aprofundar mais e mais em Deus, buscando nEle os seus mistérios. Ir cada dia mais fundo no Senhor, sem medo ou receio, é maravilhoso e muito precioso.

Desafio você a mergulharmos fundo em Deus, buscando conhecer os seus mistérios, os seus segredos guardados para serem revelados apenas aos filhos amados. Sempre foi o desejo do Pai se revelar ao homem. Esse é o maior anseio do seu coração. Ele quer ser conhecido. Não tenha medo de ir fundo em seu rio.

Oriento você a não entrar sozinho nas águas profundas. Reino espiritual é coisa séria e você vai aprender que, como no mergulho profissional, "ninguém mergulha sozinho". Chame o Espírito Santo para entrar contigo. Ele vai te ajudar a encontrar os segredos de Deus, que estão à sua espera nas profundezas.

capítulo 1

Águas rasas

As águas rasas falam de beleza e segurança. Nelas, é possível ver a formosura dos peixes, das flores e da cor do sol quando bate na água. Os raios solares têm as mesmas cores do arco-íris, mas não conseguimos identificar isso a olho nu. Porém, dentro de um ambiente aquático, podemos vê-las, como nos dias de chuva.

Na profundidade rasa, ainda vemos a superfície. Sabemos que, a qualquer momento, podemos sair da água com facilidade – ainda se tem o controle da situação. Nesse estágio, não é preciso depender de quem está ao lado. Há total independência. O mergulhador vai de um lado para outro, admirando a criação de Deus.

Em um mergulho raso, nos deleitamos e nos refrescamos, com a certeza de que os nossos pés estão firmes. Nessa profundidade, a beleza da natureza, da criação de Deus é contemplada, admirada. A segurança nesse estágio é nossa parceira. Somos nós, a segurança e Deus.

O descanso e o refrigério são nossos aliados nas águas rasas. Saciamos a nossa sede e refrescamos o nosso corpo. Alguns gostam de pescar, ficar com os pés na água ou até mesmo nadar. Por vezes, estaremos com as pessoas que amamos, mas não estaremos dependentes delas. Há uma consciência de que, estando no raso, podemos ir e vir para onde quisermos.

Tudo no mergulho profissional começa com pouca profundidade. Na vida com Jesus, tudo também começa no raso. E algumas pessoas preferem ficar nesse lugar, pelo conforto e segurança. Isso acontece inclusive com o chamado ministerial.

A Palavra do Senhor diz, em Mateus 20:16, que *"muitos são chamados e poucos escolhidos"*. Todos são convidados para mergulhar fundo, mas poucos realmente aceitam e cumprem esse chamado. A maioria das pessoas não aceita o sentimento de insegurança, de não conseguir ver além de seus olhos e permanecem na rasura em Deus.

Nas águas rasas, é visto o que está em volta. Elas são claras e tudo é muito bonito. O ambiente só vai se tornando turvo à medida que vai havendo profundidade. Assim é na nossa vida. Também sabemos quem são as pessoas em quem podemos confiar. Conseguimos enxergar o que está à nossa volta e a sua beleza. Somente quando nos aprofundamos é que percebemos que os outros têm defeitos e erram. No raso, temos a escolha de ir mais fundo ou sair. Ainda temos o controle da situação.

Essa é uma relação que se aplica à Igreja. Quando conseguimos ver que ela tem erros e defeitos é porque

O descanso e o refrigério são nossos aliados nas águas rasas. Saciamos a nossa sede e refrescamos o nosso corpo.

estamos saindo das águas rasas e nos aprofundando. Nem todos estão preparados para mergulhar na profundidade. Lembre-se disso. Nem todos têm equipamentos adequados. Se alguém não tem os instrumentos necessários, é melhor buscar primeiro o preparo. Ir fundo exige entrega, investimento e abrir mão do conforto e da segurança natural.

Todos fomos chamados à plenitude de Cristo. Ele não faz acepção de pessoas. A decisão de se aprofundar em Deus é totalmente do homem. Existem águas que saem do trono dEle. Elas são liberadas para todos os que querem beber, para todos os que querem saciara sua sede, para todos os que querem molhar os seus pés.

Outra analogia que se aplica às águas rasas é a da pescaria. A maioria dos pescadores pesca nelas e consegue bons resultados. Em pouca profundidade, não é preciso ter material adequado, não é preciso muito investimento. Isso é mais barato e fácil. Porém, os melhores e maiores peixes estão em águas profundas, onde é necessário um melhor preparo.

Tubarões, lagostas e alguns outros pescados somente são encontrados em alto mar. E este é um lugar onde nem sempre é fácil o acesso, pois, a partir do momento em que se coloca o barco na água e se desloca da encosta, não se sabe o que vai ser enfrentado, se calmaria ou tempestade. Para obter o êxito planejado, é necessário passar pelos obstáculos, conseguir o objetivo e, então, retornar.

Em alto mar é que se aprende a passar pela prova do tempo. Por

> *Nem todos estão preparados para mergulhar na profundidade... Nem todos têm equipamentos adequados.*

exemplo, um pescador sai para o seu trabalho com a esperança de voltar com uma boa pescaria, mas ele nunca terá a certeza de que modo será o seu retorno. Às vezes, em alguns minutos, consegue atingir o alvo determinado. Em outras ocasiões, é preciso ficar dias na água e, apesar do esforço, voltar sem nada.

Assim somos nós. Não podemos nos desaminar diante das dificuldades. Temos que perseverar. Na nossa vida com Deus não é diferente. Às vezes, com um minuto apenas diante de sua presença ou na leitura da sua Palavra, ficamos cheios do Espírito Santo. Em outros momentos, parece que a nossa oração não passa do teto.

Não podemos nos desaminar diante das dificuldades. Temos que perseverar

Quem não entende de profundidade desiste logo. Aquele que só tem experiências de mergulhar nas águas rasas retrocede. Esse tipo de cristão acredita que Deus não está ouvindo e volta a cuidar de seus afazeres. Não consegue abrir mão dessas coisas para ir ao alto mar. Não tem certeza de como será. Largar o que está fazendo e tudo o que conquistou por uma incerteza não é uma decisão fácil.

A Bíblia relata que um grupo de pessoas estava orando para receber aquele que seria o Consolador. Os que estavam em "águas rasas" na fé não perseveraram em oração, voltando para as suas casas. Dos que permaneceram, todos foram batizados e "cheios do Espírito Santo".

"De repente, veio do céu um som, como de um vento impetuoso e encheu toda a casa onde estavam assen-

> *tados. Eviram línguas repartidas, como de fogo, as quais pousaram sobre cada um deles. Todos foram cheios do Espírito Santo e começaram a falar em outras línguas, conforme o Espírito Santo lhes concedia que falassem."* Atos 2:2-4

Ficar nas águas rasas ou nos aprofundarmos nelas é uma opção que temos que fazer. Muitos estão bem, com os pés firmes na terra, mas outros querem mais. A insatisfação precede a unção. Assim creio que o avivamento começa com uma pessoa insatisfeita querendo mais de Deus.

A insatisfação precede a unção

Quando a insatisfação entra no nosso coração é porque o Pai quer nos levar a outro nível nEle. Não é que Deus não esteja recebendo as nossas ofertas ou obras. Tem haver com algo maior que Ele tem para compartilhar conosco. Por isso, gera esse sentimento em nosso coração.

Prepare-se para se aprofundar nas águas do Espírito Santo.

capítulo 2

Águas profundas

Quanto mais fundo, mais precioso é o que encontramos. No raso, achamos coisas comuns, que todos têm acesso, como conchas, areia, peixes, etc. Na profundidade, tudo fica mais perigoso e as águas são mais turvas.

Quando estamos na praia e vamos entrando mais dentro do mar, sentimos insegurança na areia. Ela começa a sair de debaixo dos nossos pés. As águas nos puxam e nos levam para mais longe. Se não temos experiência, devemos voltar enquanto ainda temos o controle da situação. Se perdermos isso, iremos precisar de ajuda.

Os mistérios do Senhor, coisas mais profundas, nos serão revelados quando formos também mais profundos nEle. Mas perderemos o controle da situação. Os nossos pés não estarão seguros e a nossa confiança precisará estar totalmente no Espírito Santo e no seu poder. A nossa segurança não estará mais em nós mesmos e na força do nosso braço. O reino de Deus não nos será revelado quando quisermos e, sim, quando Ele desejar. Não veremos ou sentiremos o que queremos e, sim, o que o Pai quiser nos mostrar.

Os mistérios do Senhor, coisas mais profundas, nos serão revelados quando formos também mais profundos nEle

Sansão é uma prova de alguém que tinha muita força e poder vindos do Espírito Santo. Quando esse dom lhe foi tirado, ele passou a ser apenas um homem comum, sem nada de especial. Após reconhecer o erro e se arrepender, a sua força voltou. Com a sua história, aprendemos que caminhar na força do Senhor é totalmente diferente de caminhar na do homem. Entendemos também que, por mais fortes que possamos ser, não podemos sair dos propósitos e desígnios divinos.

Não devemos esquecer que tudo vem do Senhor. É um erro muito perigoso acreditar nos enganos do coração. Não podemos pensar de forma independente e agir pela força do nosso braço. A obra de Deus na Terra é do Espírito Santo através de nossa vida e não nossa através do Espírito Santo. Por isso, precisamos depender dEle o tempo todo.

Nas águas profundas, encontramos coisas muito preciosas, que não encontramos nas águas rasas. Da mesma forma, quanto mais fundo em Deus, mais revelações da parte dEle teremos, para nós ou para as outras pessoas. Na profundidade com o Pai, aprendemos que não podemos prosseguir sozinhos. A nossa vida depende do irmão e a vida do irmão depende da nossa.

Na profundidade com Deus, precisamos ser um. "Unidade" não é apenas uma palavra dita, mas algo que se torna real. Passamos a viver como Jesus, caminhando em amor com o irmão, seguindo o seu exemplo. Não estamos só observando a beleza das coisas e, sim, valorizando a criação de Deus.

Quando mergulhamos na profundidade, por menor que seja o tempo, a nossa vida é marcada para sempre. Lembramos mais de pequenos momentos em águas profundas do que de grandes momentos em águas rasas. Aprendemos mais, analisamos mais, buscamos mais conhecimento, mais investimentos, mais amor, mais comunhão com o irmão ao lado. Os nossos sentimentos mudam. Os nossos valores mudam.

A descoberta, na profundidade, é diária. Todos os dias se descobre algo novo: um tipo de planta, um peixe diferente, um tesouro encoberto. Olhamos para o nosso interior e podemos ver que conseguimos amar aquele que nos aborreceu, não por falsidade e, sim, com inteireza de coração.

Em águas profundas do Espírito, há revelações mais profundas, mistérios não revelados. A responsabilidade é individual, mas também coletiva. Nelas, a Igreja participa como corpo. Assim como no mergulho profissional, ninguém vai sozinho a fundo. Se alguém está em perigo, todos voltam e esperam. E assim se vive realmente o amor. A vida do próximo é mais importante do que a conquista. Todos realizam tarefas, entendendo que o serviço de um depende do outro. A conquista é do grupo.

A profundidade em Deus desen-

> *Em águas profundas do Espírito, há revelações mais profundas, mistérios não revelados*

cadeia a profundidade do amor. No livro "Um Rio Chamado Amor", a autora e pastora Juliana Rodrigues descreveu, com presteza, o que significa isso:

> "O amor em largura significa que, na caminhada cristã, ao invés de dizer 'Eu vou', direi 'Nós vamos'. O que vale diante de Deus não é quem chega primeiro, mas, sim, a consistência da caminhada. Aqui, não estamos falando daquela corrida onde encontramos personagens como 'Penélope Charmosa', 'Os Irmãos Metralha', 'Dic Vigarista' e o 'Cachorrinho', que viviam atrás de medalhas. Aqui, não ganha quem chega primeiro, mas quem ama por todo o caminho.
>
> Para amar em largura, terei que entender que, muitas vezes, não terei condições de correr, porque vou aguardar por pessoas, ajudar outros tantos ou fazer com os outros algumas tarefas e atitudes diversas, que vão me 'atrasar'. Mas, se eu entender que é preciso ir junto, vou ganhar tempo diante de Deus."
>
> Rodrigues, Juliana. Um Rio Chamado Amor, p.25.

Deus nos ensina exatamente isso nas águas profundas. Não podemos deixar o irmão e prosseguir sozinhos. Por isso, existem coisas que o Pai não nos ensina nas águas rasas, em lugares de segurança, onde confiamos em nós mesmos e na nossa capacidade. No profundo, aprendemos a confiar no Senhor e na capacidade do grupo.

No profundo, aprendemos a confiar no Senhor e na capacidade do grupo

NÃO TEMOS LUZ PRÓPRIA

Quanto mais fundo, mais escuro. Não temos luz própria neste

ponto. E não há como prosseguir sem ela. Se não a levarmos conosco, não veremos nada e não teremos como ir adiante. Precisaremos de iluminação. Somente a Luz vai nos mostrar coisas belas, que não conseguiríamos ver com os nossos olhos naturais. Para onde que ela apontar será o que conseguiremos enxergar.

> *Somente a Luz vai nos mostrar coisas belas, que não conseguiríamos ver com os nossos olhos naturais*

A luz da nossa vida é Cristo. Não tem como você ir mais fundo em Deus, ver o que não consegue, se não for Jesus te mostrando o caminho e te dando direção. Você só vai conseguir ver o que Ele (a própria Luz) te mostrar.

Na caminhada, precisamos de Cristo. Não temos luz própria. Os nossos olhos não conseguem enxergar sem a Sua presença. No fundo, para onde Jesus apontar conseguiremos ver e descobrir os seus mistérios e belezas encobertas. O Senhor sempre nos mostrará o caminho quando entendermos esse princípio, o de que Ele ilumina tudo para nós. Sem essa clareza e nitidez, não enxergamos nada à nossa frente.

Existe um perigo muito grande quando acreditamos que temos luz própria e, então, não precisamos da Luz verdadeira. Satanás também acreditou tê-la, até que foi jogado para fora do céu e percebeu que só refletia o que vinha de Deus.

> *Não tem como você ir mais fundo em Deus, ver o que não consegue, se não for Jesus te mostrando o caminho*

"Elevou-se o teu coração por causa da tua formosura, corrompeste a tua sabe-

doria por causa do teu resplendor. Por Terra te lancei, diante dos reis te pus, para que te contemplem. Pela multidão das tuas iniquidades, pela injustiça do teu comércio, profanaste os teus santuários. Eu, pois, fiz sair do meio de ti um fogo, que te consumiu e te tornei em cinza sobre a terra, aos olhos de todos os que te contemplam." Ezequiel 28:17-18

No livro "Aos Teus Pés", o pastor Jonatas Oliveira relatou algo sobre o fato de que a distância que estamos do trono indica o nosso nível de autoridade. Veja o seu relato:

"Lúcifer foi criado por Deus para estar em todo tempo diante do trono. Era conhecido como 'Anjo de Luz'. De acordo com texto de Ezequiel, na 'Holy Bible (NKJV)', de 1982, ele era responsável pela adoração no céu. Em sua criação, foi privilegiado, pois era o próprio sinete da perfeição, para ser colocado em um lugar de adoração a Deus.

'O Senhor reina; tremam os povos. Ele está assentado entre os querubins; abale-se a terra.' Salmos 99:1

O lugar de Lúcifer era no meio das pedras afogueadas. Ali era o lugar mais próximo do trono. Ele estava no monte santo do Senhor e no brilho daquelas pedras. Foi criado e preparado por Deus com pedras preciosas e instrumentos musicais para adoração. Era perfeito em sua aparência e em seus caminhos. Quem estava mais perto de Deus brilhava mais e, exatamente por isso, era chamado de 'Anjo de Luz', conforme o seu próprio nome, em hebraico, significa: 'brilhante ou aquele que resplandece'.

A sua autoridade não se baseava nele mesmo, mas na distância que estava do nosso Criador. Lúcifer não tinha luz própria, mas resplandecia a glória de Deus. Por acreditar que, por causa da Luz de Deus que em si resplandecia, poderia ser igual e dividir com Ele o Trono de Glória, cometeu o seu maior erro."

Oliveira, Jonatas. Aos Teus Pés, página 31.

Como no mergulho, se a luz acabar, é melhor voltar para o raso e ficar em segurança. Torna-se perigoso ficar no fundo sem ver nada à frente. Existem peixes muito perigosos, medusas, algas e pedras que podem machucar. Não adianta querer ir mais fundo sem estar preparado para isso. Não estou dizendo que, na prática, o cristão deve voltar para o mundo, para a prática do pecado ou viver na mornidão.

> *Não adianta querer ir mais fundo sem estar preparado para isso*

No livro de Apocalipse, está o relato do encontro de Jesus e a Igreja de Éfeso. Ela fazia boas obras, fugia da aparência do mal, era fiel e perseverante. O que o Senhor tinha contra ela é que havia deixado o seu primeiro amor. Mesmo com tantas obras, não apresentava mais a motivação do início. Esse texto indica que precisamos passar por todos os desafios que Deus coloca no nosso caminho e, ainda assim, permanecer no primeiro amor.

Existe uma série de livros que escrevi sobre isso, chamada "Desafios da Águia". Neles, relato algumas circunstâncias que nos levam a sair do primeiro amor. Deus não permite que nós, cristãos, vivamos dessa maneira. Quando a frustração, o esgotamento espiritual ou coisa parecida chegam batendo à porta do nosso coração, precisamos

> *Precisamos passar por todos os desafios que Deus coloca no nosso caminho e, ainda assim, permanecer no primeiro amor*

perseverar em ir à sua casa, continuar ouvindo louvores, lendo a sua Palavra. Não podemos nos afastar dEle, pois, certamente, iremos nos aproximar dos encantamos do mundo.

Voltar ao raso para quem se aprofundou no Senhor não é voltar ao pecado. É conviver com pessoas que estão nessa prática sem se contaminar, sem se deixar influenciar. Jesus foi um exemplo. Ele conviveu com pecadores, cobradores de impostos injustos e até com uma prostituta e nunca perdeu a sua referência de homem de Deus.

> *"Não necessitam de médico os sãos, mas, sim, os doentes." Mateus 9:12*

Se você tem algum pecado que não conseguiu vencer ou algum sentimento do qual não conseguiu se libertar, fique no raso, no lugar de segurança. Entrar em uma guerra espiritual, em um trabalho de cobertura de intercessão (se colocar na brecha por outra pessoa) com uma área na sua vida que precisa de libertação pode ser prejudicial. Isso é o mesmo que entrar nas águas profundas sem a Luz. Você pode se machucar.

No fundo, ninguém usa a luz do outro. Todos têm que estar com a sua iluminação. No raso, nem lembramos que existe a claridade. No profundo, ela é fundamental para prosseguir. Quando o ambiente muda, os valores mudam. Em alto mar, damos importância às coisas naturais que passavam despercebidas por nós. O que não era importante passa a ser essencial para a nossa sobrevivência.

> *No fundo, ninguém usa a luz do outro. Todos têm que estar com a sua iluminação.*

Na prática, isso pode se referir ao irmão simples que limpava a Igreja constantemente, à irmã de sangue que sempre te socorria nas necessidades ou à mãe que preparava o seu alimento todos os dias. Normalmente, valorizamos as coisas grandes e não prestamos atenção nas menores. Mas, quando estamos no escuro, vemos a importância delas.

Quando o ambiente muda, os valores mudam

A Luz é fundamental para as nossas vidas. Se não fosse ela, estaríamos em trevas.

Nas águas profundas, o "Espírito de Temor" faz parte da vida de uma forma muito mais intensa e real. Analisamos as nossas palavras, comportamentos e pensamentos por causa do temor a Deus. Os nossos olhos não estão mais nas coisas terrenas e nem na sociedade. Nesse lugar, onde estão você e o Senhor, as atitudes são importantes para a própria sobrevivência. Nesse lugar, há sabedoria.

"O Temor do Senhor é o princípio da Sabedoria"
Salmo 111:10

Nas águas profundas, o "Espírito de Temor" faz parte da vida de uma forma muito mais intensa e real

Nessa profundidade, a verdade faz parte da nossa vida. Não dizemos coisas que não temos a intenção de cumprir e entendemos melhor o significado de palavras como "mentira" e "engano". Por exemplo, para pegarmos uma caneta na mesa de um colega de trabalho, certamente, pediremos, pois temos a consciência de que a mesma não nos pertence. O contrário seria furto.

Se comprarmos algo na loja a crediário, devemos ter a consciência de que, enquanto não pagarmos, não nos pertence. Se usarmos uma bolsa ou um sapato com o pagamento vencido, estaremos cometendo fraude e defraudação com o comerciante que confiou em nós.

Quando empenhamos a nossa palavra em fazer algo, ela precisa ser cumprida. Por mais simples que seja. Se alguém se compromete em orar por um irmão, deve cumprir. Senão, é uma mentira. Se disser que vai fazer uma visita sem a intenção real de visitar, isso é uma defraudação.

Existe um livro do pastor José Rodrigues, presidente da MCM, chamado "Uma Única Verdade" que explica melhor este assunto. Ele se refere a temas importantes, como justiça própria, diplomacia, conveniência, rodeios, entre outros. Precisamos aprender um pouco mais sobre ser verdadeiro para poder nadar em águas profundas.

O irmão e a Bíblia

Conheço a história de um irmão que foi a uma loja evangélica e comprou, no crediário (que também pode ser chamado de confiança), a Bíblia de estudo mais cara que estava à venda. Dividiu em várias vezes. Venceram todas as parcelas e o comprador nunca mais apareceu na loja, nem mesmo para negociar. Dois anos se passaram e uma lojista descobriu a sua esposa, que sempre estava por perto, e falou com ela. Para a sua surpresa, a mulher começou a chorar e contou sobre o que ele havia dito:

- Que vergonha! O meu marido subiu no púlpito da Igreja e deu o testemunho de que Deus havia lhe dado a Bíblia. Perdoe-nos. Vamos resolver essa situação.

Ele era um moço muito popular, muito comunicativo e estava sempre na mídia. Após o episódio, a lojista o encontrou numa reunião pública e o abordou, sabendo de seu erro. A palavra da esposa se manteve e resolveram a situação.

Essa história nos mostra visivelmente que aquele homem não estava nas águas profundas. O Espírito de Temor do Senhor não fazia parte de sua realidade. Mesmo ele sendo tão popular e comunicativo, as suas atitudes com os irmãos e com a Igreja eram superficiais. Ninguém vai às águas profundas sem o temor. Para quem está no profundo, isso não precisa ser ensinado. Faz parte da vida da pessoa, como o ar faz parte da vida do mergulhador. É algo natural e essencial para a sobrevivência.

A SUPERFÍCIE

Ninguém permanece nas águas profundas eternamente. Todos precisam voltar às águas rasas. É nelas que vivemos, onde temos família, trabalho, etc. Os momentos no fundo são maravilhosos e necessários. Mesmo o mergulhador sendo um profissional, tirando o seu sustento de lá, volta à superfície.

De fato, precisamos nos aprofundar em Deus a cada instante. Isso significa maturidade espiritual. É necessário termos o nosso altar pessoal e ministerial, mas não podemos nos esquecer de que temos família, trabalho e outros afazeres.

Os mistérios de Deus revelados ao nosso coração são para edificação pessoal e dos outros e não para ficarmos neles o tempo todo. Nada se compara com o sentir a Sua presença e ver o seu reino, mas precisamos ter maturidade para saber que não se pode residir em uma experiência espiritual. É preciso ficar na terra e edificar o seu reino.

Os momentos e as experiências adquiridas são inesquecíveis e a tendência é querermos viver lá, no reino espiritual. Porém, isso não é possível a homem algum. Cristo é um exemplo. Mesmo após a transfiguração (ocasião no monte em que mostrou a sua forma real), Ele voltou à convivência humana normal com os discípulos.

> *"Seis dias depois, tomou Jesus consigo a Pedro, Tiago e João, irmão deste, e os levou, em particular, a um alto monte. Ali, ele foi transfigurado diante deles. O seu rosto resplandeceu como o sol e as suas vestes se tornaram brancas como a luz... Aproximando-se Jesus, tocou-lhes e disse: Levantai-vos e não tenhais medo."*
> *Mateus 17:1,2 e 7*

Voltar à realidade não é voltar aos princípios do mundo e, sim, à vida cotidiana. Adoração e oração são estilos de vida, de fé em fé e de glória em glória. São buscas diárias. Onde estivermos, elas devem existir, na rua, em casa, no tra-

Nada se compara com o sentir a Sua presença e ver o seu reino

balho, no aeroporto, na rodoviária. A sua vida deve ser um altar a Deus.

O reino espiritual é um lugar onde não há dor, cansaço, fadigas, tristezas e mágoas. A paz e a graça que vêm da parte de Deus são soberanas. Ali, elas são palpáveis. Quando em uma experiência sobrenatural vivemos isso, não queremos mais voltar à realidade de responsabilidades e compromissos. As horas passam muito rápido. Dia e noite já não fazem mais diferença.

Adoração e oração são estilos de vida

Crescimento espiritual e maturidade são fundamentais para esse processo. Precisamos entender sobre a nossa responsabilidade na Terra. A aliança de Deus é com a nossa geração. Estamos plantando para eles colherem. O Senhor tinha uma aliança com Abraão e, através de seu bisneto José, salvou da morte e da fome toda a uma geração.

"Mas, agora, não vos entristeçais nem vos irriteis contra vós mesmos por me haverdes vendido para cá, porque para a conservação da vida Deus me enviou adiante de vós." Gênesis 45:5

A paz e a graça que vêm da parte de Deus são soberanas

José era a quarta geração de Abraão. A aliança de Deus alcança até a milésima daqueles que o servem. Nesse caso, o compromisso do Senhor não era exatamente com ele e, sim, com seu bisavô. Da mesma forma, ao servimos ao Pai, estamos plantando para outras gerações colherem.

capítulo 3

O mergulho

Mergulhar mais fundo em Deus é amar o mundo da mesma maneira que Ele amou. É dar a vida como Cristo deu. É fazer ao próximo como a nós mesmos, de uma maneira incondicional. Não há como nos aprofundarmos no Senhor sem amar o nosso irmão.

Não há como amar a Deus, que não vemos, e não amar o próximo, que vemos. Se soubermos receber o mal que vem do Senhor, então, também saberemos perdoar os erros e falhas do irmão. O amor e o perdão fazem parte das profundezas divinas. É como o peixe precioso que não é pescado no raso.

Cristo nos ensinou isso no momento mais difícil de sua vida. Durante a crucificação, Ele orou ao pai e pediu que nos perdoasse. O apóstolo Estevão, no momento em que estava sendo apedrejado, olhou para o céu e viu Jesus ao lado do Pai. Então, intercedeu pelos homens. Somente quem está em águas profundas pode, de coração, ter uma atitude dessas.

Podemos viver a vida inteira em Deus e não descobrirmos que estão guardados em nosso coração

Morrer na inocência, perdoar os seus futuros assassinos e ainda orar por eles são atitudes de quem está em profundidade no Senhor.

A justiça própria e a obstinação não permitem que alguém tenha atitudes nobres, de abnegação. Esses dois sentimentos negativos podem ficar encobertos em nós. Podemos viver a vida inteira em Deus e não descobrirmos que estão guardados em nosso coração.

A justiça própria

A terminologia dessa expressão já explica sobre ela. Justiça própria é a "minha" justiça e não a do Senhor sobre a minha vida. Quando a possuímos, tentamos provar, o tempo todo, que estamos certos. Não se abre mão de direitos. Em todo tempo, se exige justiça ou até mesmo vingança. Na Bíblia, temos o caso de Jonas. Deus havia dado uma palavra de destruição para Nínive, porém o povo se arrependeu e Ele não a castigou. Entretanto, o profeta ficou sentado, esperando vera destruição.

"Jonas saiu da cidade e assentou-se ao oriente dela. Aí fez uma barraca e se assentou debaixo dela, à sombra, até ver o que aconteceria à cidade. Então, o Senhor Deus fez nascer uma aboboreira, que subiu por cima de Jonas, para que fizesse sombra sobre a sua cabeça, a fim de o livrar do seu enfado e Jonas se alegrou em extremo por causa da aboboreira." Jonas 4:5-6

Na nossa justiça própria, fazemos o mesmo. Ficamos esperando que Deus destrua os nossos ofensores. Jesus abriu mão dos seus direitos, como um cordeiro mudo indo para o matadouro. Ele não ficou reclamando ou se justificando. **A justificativa é uma arma da alma.** Quanto mais a alimentamos, mais são gerados ressentimentos em nossos corações. Por isso, nas águas profundas não falamos. Quem fica falando nesses momentos não são os que estão nas profundezas e, sim, nas águas rasas. Quando não sabemos o que falar ou não queremos pecar, é melhor nos calarmos.

A justificativa é uma arma da alma

Conheço uma irmã que viveu, ou melhor, perdeu anos de sua vida alimentando mágoa e ressentimento. Ela possuía um negócio próprio. Como as coisas estavam indo muito bem, tomou dinheiro emprestado com um agiota para uma ajudar um amigo. Bastaram alguns meses e as portas da empresa foram se fechando. O conhecido nunca pagou um centavo da dívida que estava no nome dela.

Os anos se passaram e aquele agiota a levou à Justiça. Depois de muitos constrangimentos, a mulher foi levada a vender algo pessoal para quitar o débito. Nem preciso dizer que, a partir daquele ponto, não havia mais amizade entre ela e o rapaz. Os filhos nunca aceitaram a situação e, durante todo período inicial, sofreu calada, sem dizer nada a ninguém, até que o agiota ficasse doente e, sem emprego, a cobrasse judicialmente.

A irmã se converteu e a sua petição a Deus era sempre que Ele fizesse justiça. Durante muitos anos, ela chorava diante do Senhor, dizendo: "Porque o Senhor não faz algo com ele para que venha me pagar?", "Deus, nada de ruim acontece. As coisas estão indo muito bem. Ele só prospera". E muitas lágrimas corriam em seus olhos. Era nítida a mágoa que sentia. O seu semblante mudava todas as vezes que se comentava sobre isso.

Quando aquela mulher chorava, desejando que o mal viesse à casa do moço, eu lhe dizia que o que estava querendo não era justiça e, sim, vingança. E Deus não se agrada disso. Sempre lhe falava que precisava limpar o coração e deixar esse assunto nas mãos do Senhor, pois, enquanto estivesse nas suas próprias, Ele não faria justiça. E ela me dizia, indignada:

- Eu estou deixando, mas Deus não faz nada contra ele!

Então, resolveu deixar o Espírito Santo limpar o seu coração e descansar sobre o assunto. Começamos a ver algo inacreditável acontecendo em sua vida.

A sua casa estava toda destruída - tanto a sua residência quanto a sua morada pessoal (o seu corpo). Quando chovia, molhava mais dentro do imóvel do que fora. Os seus móveis estavam todos quebrados. Tinha guarda-roupas sem porta, fogão com ferrugem e com o forno amarrado, geladeira sem um pé e toda enferrujada. Quando ela saia, colocava uma sombrinha em cima de um forno, para que não molhasse. Não havia um lugar que não molhasse. Assim era o barracão em que morava.

> *A nossa casa terrena é um reflexo da nossa casa interior*

A nossa casa terrena é um reflexo da nossa casa interior. E assim era a dela. Após a cura do Espírito em sua vida, aquela irmã mora em um apartamento próprio, mas ganha o mesmo que ganhava naquela época. O seu prédio fica ao lado da praça onde está a sua Igreja. Quando os irmãos começam a orar, ela desce para participar do culto.

Os seus móveis são todos de excelência. Não permite que entre nem mesmo um copo de extrato de tomate em sua casa, pois diz que isso não faz mais parte de sua vida. Quando me contou o preço de seu sofá, não acreditei. Recentemente, aquela irmã adquiriu uma mesa de vidro, pois a anterior não ficou bem na sala, não combinou com o design dos outros móveis.

Atualmente, ela se levanta na madrugada, não mais para clamar a Deus pela justiça e, sim, para interceder pelos irmãos, pois agora o caderno de oração da Igreja fica em sua casa. Costuma dizer que na madrugada os anjos estão passeando sobre a terra e, por isso, precisa levantar para fazer sua intercessão. Não há um dia que não tenha uma oração respondida sobre alguém. Tudo o que faz de comida ou lanche faz com o Senhor e sempre diz: "Jesus é ótimo para fazer pão de queijo. Venha comer o pão de queijo que Ele fez comigo!".

Não sei o que aconteceu com aquele moço, pois ela nunca mais comentou nada a seu respeito. Isso não faz mais parte de seus pensamentos. Esse testemunho retrata que, antes, aquela mulher era uma miserável, vivendo na justiça própria. Agora, é uma pessoa próspera, vivendo na justiça de Deus.

A OBSTINAÇÃO

A obstinação é uma inimiga da nossa alma e faz com

que sempre estejamos nos desculpando e pondo a culpa nos outros. Ela nos impede de assumir a nossa responsabilidade, o que poderia ser o caminho para a nossa cura. Os obstinados são aqueles que estão seguindo o caminho de Caim. Não se deixam ensinar por ninguém, nem mesmo por Deus.

> *Os obstinados são aqueles que estão seguindo o caminho de Caim*

No livro "Diamante", da série "Desafios da Águia", eu falo sobre a Síndrome de Caim e o perigo de estarmos na presença de Deus sem o verdadeiro arrependimento. Quero dar uma ênfase à obstinação por achar fundamental sabermos quando estamos sendo obstinados ou perseverantes.

A obstinação é a raiz de muitos pecados. Vemos isso primeiramente em Lúcifer, depois em Adão. Os dois pecaram por escolherem o seu próprio caminho, ao invés de seguirem o de Deus. Quando tomaram essa decisão, ambos liberaram o mal para o mundo inteiro. Enganamo-nos quando pensamos que as nossas decisões afetam apenas a nós mesmos.

Se recebemos do Senhor uma posição de responsabilidade e de autoridade perante os seue filhos, toda queda que passarmos também afetará os que estão sob os nossos cuidados. Se a obstinação continuar fazendo parte do nosso caráter, acabaremos tornando-nos os responsáveis por devastadoras bancarrotas espirituais. Assim que Lúcifer agiu segundo a sua própria vontade, foi "banido do céu".

> *A obstinação é a raiz de muitos pecados*

"Como caíste do céu, ó estrela da manhã, filha da alva! Como foste lançado por Terra, tu que debilitavas as nações! E tu dizias no teu coração: Eu subirei ao céu, e, acima das estrelas de Deus, exal-

tarei o meu trono, e, no monte da congregação, me assentarei, da banda dos lados do norte. Subirei acima das mais altas nuvens e serei semelhante ao Altíssimo. E, contudo, levado serás ao inferno, ao mais profundo do abismo." Isaías 14:12-15

Conheço uma líder espiritual que não percebeu que o Diabo colocou a obstinação em seu coração. O ministério em sua cidade natal estava indo muito bem e os seus sentimentos foram mudando, sem que notasse. Antes, fazia as coisas com a motivação correta e inteireza de coração. Com o passar do tempo, quando fazia algo para alguém, sem se atentar, a recompensa vinha em seus pensamentos. Aprouve a Deus continuar usando-a, mas permitiu que o inimigo fizesse com ela como fez com Jó, que lhe tirasse tudo e de um dia para o outro.

Precisando de uma direção, essa líder olhou para dentro de si mesma e viu que a obstinação havia entrado em seu coração. Atuante no ministério e rodeada de pessoas, não conseguia enxergar o que depois, sozinha e sem nada, pôde ver. A sua luta passou a ser contra os sentimentos e os pensamentos que assolavam o seu interior. Descobriu que Deus dá e também tira, que levanta e abate. Que tudo é dEle, por Ele e para Ele. Nada do que vivia era dela e, sim, de Jesus. Era apenas uma despenseira naquele tempo e naquele ministério.

Por isso, é interessante termos sempre alguém em quem confiamos e a quem podemos mostrar a nossa nudez (sentimentos e pensamentos). Pastores especialmente não podem andar sozinhos. É muito perigoso. Precisamos de pessoas para nos ajudar a sermos melhores.

NÃO MERGULHE SOZINHO

Existe uma **lei no mergulho** muito interessante. Não digo que é uma regra, pois é algo além. **Nenhum** mergulhador mergulha sozinho. São, no mínimo, dois submerso se sempre existe mais alguém no barco, esperando. Independente do tipo de água (doce ou salgada), isso não muda. Um confia a sua vida nas mãos do outro.

Se acontecer algum imprevisto ou acidente, como cair a máscara, ficar com a roupa ou alguma peça do equipamento presa, o outro está ali para dar suporte. Ninguém **nunca** volta ou permanece sozinho. Os dois voltam juntos. Após resolverem o problema, retomam as suas atividades.

Temos que aprender com eles sobre isso. Não podemos exercer **nada** sozinhos na nossa vida. Se acontecer algum imprevisto, o certo é ficar com o irmão que está ferido ou que sofreu algum dano. É preciso ajudá-lo para depois prosseguir. Deus estabeleceu a Igreja porque ela é fundamental em nossa vida com Ele. É no corpo de Cristo que a vida de Jesus circula e leva alimento, crescimento, libertação e cura entre os irmãos.

> *Não podemos exercer nada sozinhos na nossa vida*

Nós, como cristãos, **não podemos** crescer no Senhor sozinhos. Ele concede uma porção da sua revelação para cada um e, assim, uns edificam e complementam os outros. Não podemos mergulhar em Deus individualmente. Precisamos do outro para nos ajudar, para caminharmos juntos e compartilharmos os dons e a porção de Cristo que cada um recebeu. **Sem os irmãos, não podemos sair da rasura.**

Jesus é prova de que Ele contava com o Pai, com o Espírito Santo e os anjos. Esta é a nossa referência e o exemplo a seguirmos. Ele tinha milhares de anjos à sua disposição:

> *"Acaso, pensas que não posso rogar a meu Pai e Ele me mandaria, neste momento, mais de doze legiões de anjos?" Mateus 26:53*

É claro que Jesus poderia contar, quando quisesse, com os anjos para ajudá-lo. Temos a nítida consciência do poder deles na passagem de Sodoma e Gomorra, quando as destroem por causa do pecado. Outro momento que nos chama muito a atenção, antes do início de todas as coisas, é quando o Arcanjo tira do céu o Diabo. É claro que os anjos têm poder e autoridade e Cristo poderia contar com eles para realizar a obra de Deus na terra.

Mas, mesmo podendo contar com os anjos, Jesus escolheu pessoas como eu e você, falhos e pecadores, para mergulhar em Deus com Ele. Cristo é o centro e a base da obra do Pai na terra, mas esse trabalho só pode ser continuado por nós. Ele deu início e condição para o propósito divino, mas isso também precisa da nossa cooperação.

Jesus decidiu não caminhar sozinho. Eu o vejo com um bom preparo físico. Muitas vezes, mesmo cansado, se afastava para orar. No relato do Getsêmani, percebemos isso. Enquanto orava, os discípulos dormiam e Ele insistia para que orassem também. Cristo esperava atitude dos seus, mesmo conhecendo o amanhã de cada um:

"Em seguida, foi Jesus com eles a um lugar chamado Getsêmani e disse a seus discípulos: Assentai-vos aqui, enquanto eu vou ali orar... Ainda dormis e repousais! Eis que é chegada a hora e o Filho do Homem está sendo entregue nas mãos de pecadores." Mateus 26:36,45

Aqui, fica claro que Jesus precisava de um amigo, um parceiro que estivesse com Ele naquele momento em que se aprofundava em Deus. A ânsia de morte o sondava. Estava experimentando, como homem, um sentimento que não conhecia ainda. Naquela situação, em que a morte se aproximava, como um bom mergulhador, sabia que "um espera e socorre o outro". Vemos o Mestre se apresentar sem sinais ou maravilhas, mas simplesmente como alguém que precisava de um companheiro.

No mergulho, também vemos que os mergulhadores dentro da água são iguais. Não dá para vermos a beleza de ninguém. Apenas alguém da equipe consegue saber quem está no grupo e a tarefa de cada um. Todos têm os mesmos direitos e deveres. Todos precisam de equipamentos, vestes e preparo para desempenhar um bom mergulho. Da mesma forma, precisamos de todas essas coisas para mergulhar em Deus.

No mergulho, também vemos que os mergulhadores dentro da água são iguais

capítulo 4

O equipamento

Vou relatar aqui o que é usado pelos mergulhadores. São as suas armas. Eles entendem que ir para o fundo do mar sem o seu equipamento é "morte súbita". De início, pode-se achar que tem coisas demais para mergulhar, mas se aprende que cada item tem a sua função e importância, seja prevenção, orientação, proteção ou necessidade. Nem passa pela cabeça deles ir para o "mais fundo" sem estar devidamente preparado.

Vejamos alguns equipamentos de suma importância:

• **Snorkel:** É através dele que o mergulhador recebe oxigênio e respira. Se estivermos mergulhando, precisamos disso para a nossa sobrevivência. O Espírito Santo é assim para nós. É através dEle que **podemos** ter vida abundante em Cristo Jesus.

• **Lanterna:** É o que ilumina dentro da água. Quanto mais fundo, mais escuro. Nenhum mergulhador vai a águas

profundas sem esse equipamento para lhe mostrar o caminho. Jesus é a Luz do mundo. Precisamos dEle para ver a direção que vamos tomar nas nossas vidas.

• **Cilindro de oxigênio:** É essencial no mergulho. Sem o oxigênio, a pessoa morre rápido. Não existe vida sem o ar que respiramos. Deus é o nosso oxigênio. Não há como termos vida sem Ele.

• **Roupa adequada:** Existe um tipo de roupa para cada tipo de mergulho. Quanto mais fundo, mais protegidos temos que estar. Nenhum mergulhador usa uma roupa de mergulho livre (raso) num mergulho nas águas profundas. A mesma coisa é a Palavra do Senhor. Quanto mais crescemos em Deus e mais fundo vamos nEle, maior tem que ser o nosso preparo e conhecimento de seus princípios.

• **Colete:** É o elo de ligação entre os demais equipamentos. O colete dá segurança ao mergulhador. Assim também o líder é o elo de ligação entre nosso ministério, vida pessoal e familiar.

• **Las- tro:** É o que segura a pessoa firme dentro da água. Sem ele, o mergulhador não conseguiria permanecer no fundo. Ficaria, então, somente no raso. A Igreja funciona assim. É o que nos mantém firmes dentro das águas profundas.

• **Máscara:** É o que permite a correta visão para o mergulhador. Sem ela, as águas ficam turvas e a pessoa não consegue enxergar bem. O mesmo é o irmão que nos ajuda a enxergar o que não conseguimos ver.

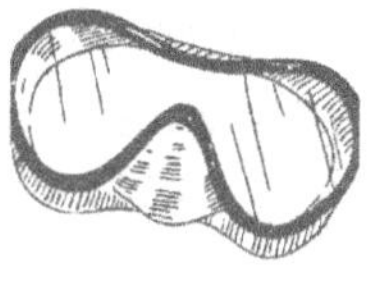

- **Nadadeira:** Leva a pessoa ao caminho desejado, na direção certa, ajuda a se movimentar. Assim é o ministério (louvor, dança, etc.). Leva-nos a seguir o caminho desejado.

Possuir apenas parte do equipamento significa que o mergulhador não está devidamente preparado e pode comprometer o grupo. Essa pessoa pode colocar tudo a perder. Com certeza, por mais forte e robusta que seja, não poderá ir às águas profundas. Você já sabe que um equipamento não tem como substituir o outro. Cada um tem sua função.

Palavra de Deus, oração e intercessão, adoração, jejum e unção com óleo do Senhor são buscas que devem fazer parte da caminhada daqueles que querem entrar no lugar de profundidade. São equipamentos espirituais.

Não podemos entrar despreparados nas águas profundas. Tudo começa e termina com oração. Entrar sozinho e sem preparo em uma situação profunda pode colocar todos da equipe em perigo. Os equipamentos devem ser testados e verificados na superfície. Temos que analisar a nossa vida com Deus. Será que estamos com todos os ins-

Possuir apenas parte do equipamento significa que o mergulhador não está devidamente preparado e pode comprometer o grupo

trumentos necessários? Vamos conhecer outras ferramentas essenciais para o nosso mergulho.

Função do corpo

> *"Assim como o corpo é um e tem muitos membros e todos os membros, sendo muitos, formam um só corpo, assim é Cristo também... De modo que, se um membro padece, todos os membros padecem com ele; se um membro é honrado, todos os membros se regozijam com ele." 1 Coríntios 12:12,26*

Todas as armas de guerra são fundamentais e necessárias quando estamos no fundo. Cada pessoa tem a sua função no corpo de Cristo e todos são necessários. O que prega, que pregue. O que ora, que ore. O que adora, que adore. O que intercede, que interceda. E todos mergulhemos juntos, um ajudando o outro.

Não estamos fazendo um filme a ser assistido e, sim, escrevendo uma história a ser contada. Trata-se de algo real e não uma ficção. Precisamos nos preparar quando estamos ainda na superfície. É nela que verificamos se instrumentos e aparelhos estão bons. Cada um deve analisar o seu próprio equipamento. Podemos não somente prejudicar o grupo, mas também causar uma morte súbita.

Todas as armas de guerra são fundamentais e necessárias quando estamos no fundo

Bocal reserva

"Um ao outro ajudou e ao seu companheiro disse: Esforça-te!" Isaías 41:6

Os mergulhadores têm no seu colete um bocal reserva. Eles sabem que, se o companheiro tiver algum problema com o oxigênio, utilizará o seu. Caso não tenha outro, dividirão o mesmo bocal. Mas voltarão, no mesmo instante, juntos para a superfície.

No momento em que o nosso equipamento sofrer algum tipo de imprevisto, precisamos, como os mergulhadores, procurar o bocal reserva do nosso irmão, para respirarmos juntos e estarmos em segurança. Uma pessoa só pode ficar usando o oxigênio do outro por um curto prazo de tempo, não por uma caminhada inteira. **Se isso acontecer, um sufoca o outro.**

Quando um irmão estiver se distanciando, quando a sua fé estiver sendo abalada e a frieza estiver entrando em seu coração, será necessário dividir o seu bocal com ele. Será preciso perseverar em sua companhia e caminhar a seu lado a segunda milha. Mas isso só pode acontecer durante um período. Se prosseguir com essa pessoa "dependendo" de você por muito tempo, podem morrer juntos.

Ninguém pode permanecer por longo período com alguém que não quer, de fato, o Senhor. Se essa pessoa decidiu que realmente não quer crescer em fé e mergulhar em Deus, você tem que levá-lo à superfície e deixá-lo. Por mais que o ame, é preciso fazer a escolha de morrer com ele ou viver sem ele. A decisão de seguir ou não a Cristo é individual. A salvação é individual!

Conheço um caso que explica melhor o que estou tentando ensi-

Ninguém pode permanecer por longo período com alguém que não quer, de fato

nar aqui. Uma mãe na fé caminhava ao lado de um casal maravilhoso da Igreja. Essa mulher não era para eles uma pastora e, sim, uma *"mãestora"*. Tudo começou quando a avó de criação do moço estava no leito de morte e fez aquela líder prometer que seria sua mãe e ele, seu filho.

Isso era totalmente real para eles. A moça ajudava em decorações e eventos na Igreja. Aquela esposa e a pastora se divertiam muito organizando as coisas, até mesmo os casamentos dos irmãos mais simples. Cuidavam de tudo. Por outro lado, o marido era o que mais levava jovens para o Senhor. Ele sempre pegava aqueles de quem até a sociedade desistia, levantava recursos com terceiros e os levava para os retiros espirituais. Eram os filhos e obreiros do coração de qualquer pastor.

O tempo passou e, em um momento de frustração e tristeza, o casal não conseguiu permanecer. Ele saiu primeiro. Depois, ela. Voltaram para o mundo, mudaram as suas vestes, voltaram a beber e o rapaz passou a usar drogas. Como a aliança era real, não perderam contato e não deixaram de chamar a pastora de mãe.

Ela tentou levá-los para a segurança, para lugares em que conseguiriam respirar sozinhos. Mas eles optaram por irem aos princípios errados e, mesmo que isso doesse em seu coração, aquela líder resolveu seguir o seu caminho. O amor não acabou, mas agora está cada um em sua própria jornada.

Não podemos deixar de mergulhar em Deus só porque perdemos

alguém da equipe. Precisamos continuar. Não podemos abandonar, deixar de lado, mas não podemos ser direcionados pelos outros. Temos que influenciar e não ser influenciados. Precisamos levá-los conosco e socorrê-los e não morrer com eles.

capítulo 5

O preparo

Um mergulhador sempre pode ser desafiado a ir mais fundo ou a mergulhar em locais diferentes, desconhecidos e perigosos, como cavernas subaquáticas. A cada novo desafio, precisa de mais preparação. Assim também cada novo passo que o Senhor colocar diante de você exigirá uma nova preparação. Não adianta querer avançar e não querer continuar se aperfeiçoando.

José viu em sonhos aquilo que Deus tinha reservado a ele. Logo em seguida, veio o preparo e, depois de quase 20 anos, o que havia sonhado se tornou realidade. Davi foi ungido rei e também, somente quase 20 anos depois, recebeu o seu reinado. O perigo foi constante em sua jornada. Ainda no início dela, enfrentou urso, leão e o gigante Golias, antes de ir à guerra pela sua nação.

Davi teve ainda guerras pessoais. Precisava vencê-las e se preparar para algo mais profundo em Deus. Amava o seu rei e gostaria de estar com ele na sua caminhada, mas Saul não quis

Não se mergulha com quem ama. Se mergulha com pessoas preparadas

dessa forma. Nem sempre as pessoas que queremos vão mergulhar conosco. Nestes momentos, vamos ter que mergulhar com a equipe que o Senhor preparou para nós. **Não se mergulha com quem ama. Se mergulha com pessoas preparadas.**

Nasceu na terra um único homem que poderia fazer sozinho todas as coisas. Se Ele precisasse, poderia contar com miríades de anjos para lhe servirem. Mas escolheu caminhar com pessoas, mesmo sabendo que eram falhas e pecadoras. Jesus nos ensinou - pela sua própria vida ou quando enviou os seus discípulos de dois em dois - que não devemos caminhar só.

> *"Chamou a si os doze e passou a enviá-los de dois a dois, dando-lhes poder sobre os espíritos imundos."*
> *Marcos 6:7*

Aqui na Terra, aqui no ministério, não é bom viver só. Desde a criação do mundo foi assim. Quando Deus criou todas as coisas, olhou tudo, viu o homem sozinho e disse que não era bom que andasse só. Então, criou uma adjutora e lhe deu filhos também. Paulo, o mais bem sucedido apóstolo, mesmo tendo escolhido não se casar, não caminhou só. Ele andou com Barnabé, Silas, Timóteo e outros discípulos.

Aqui na Terra, aqui no ministério, não é bom viver só

Enquanto terminava esta série, estávamos indo para um café da manhã de pastores em Goiânia, com um grupo de irmãos. Saímos cinco no mesmo carro. Fomos conversando sobre livros e, é claro, sobre este material. Alguns ficaram surpresos ao saberem que eu era mergulhadora e o porquê de ser. Falamos sobre algumas características do mergulhador e que uma delas era justamente o de não praticar isso sozinho. Um dos irmãos ficou muito interessado e passou a dizer que queria fazer mergulho. No momento, entendi que era uma empolgação natural.

Participamos do café e todos saíram rápido do local, pois tinham outros compromissos. Na pressa, quase me deixaram para trás. Como voltaram ao assunto, eu disse abertamente ao irmão que ele estava reprovado como mergulhador, por ter deixado o outro para trás. Aquela seria uma atitude digna de reprovação do curso de mergulho. Se aquilo acontecesse, de fato, na água, a pessoa teria que refazer todos os exercícios.

No mergulho, a minha vida é responsabilidade do irmão e a vida do irmão é minha responsabilidade.

Conhecemos as promessas de Deus para nós, como aconteceu com Davi e José. O Senhor vai nos preparar antes de nos levar para grutas em águas profundas. Não podemos entrar em lugares assim sem preparo. Se você foi chamado para entrar nas cavernas, coisa que poucos mergulhadores fazem, busque conhecimento. Isso quer dizer que o treinamento inicial não te dá base para uma jornada mais perigosa.

São necessárias mais horas de aula, mais ensino, mais tempo de

No mergulho, a minha vida é responsabilidade do irmão e a vida do irmão é minha responsabilidade.

Somente após o treinamento da caminhada, da jornada é que se aprende a não se desesperar diante de uma situação difícil.

mergulho, mais período de experiência, para ir mais fundo, para estar pronto a ir aonde Deus quer nos levar. Somente nesse preparo que aprendemos o que realmente estará nos esperando nas águas profundas, dentro das grutas. Somente após o treinamento da caminhada, da jornada é que se aprende a não se desesperar diante de uma situação difícil.

Logbook (diário de bordo)

Os mergulhadores possuem um *Logbook*, que é um caderno de anotações. Nele, se registram todos os mergulhos realizados e as suas experiências. Temos um *Logbook* no céu. Temos a consciência de que tudo o que fazemos está sendo anotado por Deus, seja bom ou mau. Não podemos esquecer que vamos prestar contas de tudo diante dEle, inclusive das palavras que saem da nossa boca. Existe um livro de notas diante de Deus. Leiamos:

"Para seres justificado nas tuas palavras e venhas a vencer quando fores julgado." Romanos 3:4

"Vi também os mortos, os grandes e os pequenos postos em pé, diante do trono. Então, se abriram livros. Ainda outro livro, o Livro da Vida, foi aberto. E os mortos foram julgados, segundo as suas obras, conforme o que se achava escrito nos livros." Apocalipse 20:12

Existe um preparo que só vem com o treinamento pessoal. O fato de estarmos em uma equipe preparada não quer dizer que temos o preparo suficiente. Precisamos de jornada diária, perseverança, atitudes. Existem conhecimentos que só adquirimos com as nossas próprias experiências. As dos outros não nos fazem crescer em tudo. Se alguém despreparado se aventura em uma expedição, pode causar situações ruins e atrapalhar o grupo.

Existem conhecimentos que só adquirimos com as nossas próprias experiências

Mas não podemos desistir de algo que Deus confiou a nós simplesmente por não termos preparo. O Espírito Santo só vai nos ensinar algo que estamos querendo conhecer. O mergulhador busca detalhes da região e das suas dificuldades antes de se aprofundar nas águas.

Em que área da sua vida pessoal o Senhor quer te ensinar novas coisas? Em que águas estão os seus novos desafios?

Entendemos que temos que entrar em Deus, crescer nas suas armas. E, quando estivermos prontos, Ele nos revelará novos mistérios, teremos novas conquistas. Mas, para recebê-las, não é de qualquer maneira. Isso depende do preparo e do lugar onde queremos chegar.

Um mergulho turístico para apreciar a paisagem não é o mesmo que um mergulho profissional. Os equipamentos usados são distintos. É preciso aparelho de comunicação, facas, iluminação, filmagem, etc. O preço a

O Espírito Santo só vai nos ensinar algo que estamos querendo conhecer

No mergulho profissional, o mergulhador é responsável por ele e pelo grupo

ser pago pelos dois é totalmente diferente. O treinamento também. Uma visita turística não precisa do preparo. O mergulhador pode ir com alguém segurando o seu colete e em águas rasas. O instrutor o leva aonde deve ir e, quando vê que tem algo de errado, o conduz à superfície.

No mergulho profissional, o mergulhador é responsável por ele e pelo grupo. Mergulha-se sem o outro dar direção por onde se deve ir. As pessoas nadam como equipe e não na responsabilidade de dar comando individual. O que precisa haver é um senso de proteção coletiva.

O seu mergulho em Deus é turístico (atividade recreativa ou esportiva) ou profissional? Você vai ser levado ou vai levar alguém?

A consciência de quem somos em Deus nos ajuda a entender onde podemos ir nEle. Se você é apenas um turista, vai sempre precisar de alguém para te mostrar o caminho e nunca conseguirá ir a lugares profundos. Sem preparo, não verá o que está mais escondido e o que é mais precioso. Se você é um profissional, já está maduro para entender os caminhos do Pai para a sua vida.

ATENÇÃO COM A ANSIEDADE

A consciência de quem somos em Deus nos ajuda a entender onde podemos ir nEle

Esta é uma palavra perigosa no mergulho, pois tudo lá embaixo da água é muito lento. As pessoas se movem devagar e a comunicação é apenas por gestos e sinais. No profundo, ansiedade pode ser sinônimo de desespero. O mergulhador deve exercer a calma, a perseverança, a tranquilidade e nunca pode estar ansioso.

A ansiedade e o desespero andam de mãos dadas. No mergulho, não funciona o comportamento de passar na frente do grupo. Se for preciso esperar, é isso o que deve acontecer. Não se mergulha sozinho e os mergulhadores só sobem à superfície quando terminam as tarefas que ficaram de fazer. Na água, tudo flutua. O vento não está lá. O tempo para. **As pessoas muito ansiosas ou desistem de mergulhar ou vencem esse sentimento.**

> *As pessoas muito ansiosas ou desistem de mergulhar ou vencem esse sentimento*

SONHOS

É difícil alguém que pratique mergulho e que não sonhe em ir pessoalmente a algumas regiões. A Austrália está no topo da lista. Ela possui a flora marítima mais bonita do mundo. Cancun, no México, é a segunda mais desejada. Todo mergulhador que se encanta pela beleza aquática deseja ir a essas águas.

Precisamos sonhar em conhecer e estar com pessoas que exercem o mesmo ministério que o nosso, trocarmos experiência. Devemos aprender com aqueles que sabem mais. Ninguém conhece tanto que não tem algo para aprender com o outro. Há sempre quem domine mais a sua área do que você.

Ninguém conhece tanto que não tem algo para aprender com o outro

Sabemos que o Espírito Santo nos ensina todas as coisas e nos faz lembrar aquilo que vimos e ouvimos. Olhemos o exemplo de Jesus. Ele aprendeu até mesmo com o seu pai, um carpinteiro. A pessoa que domina mais o seu ministério do que você pode trazer algo para acrescentar a ele.

Jesus estava com o Pai quando este fez todas as coisas. Presenciou Deus criando a natureza. O Filho viu todas as árvores sendo criadas pela Palavra. Já como homem, ele passou a observar e aprendeu com o seu pai natural a fabricar móveis com madeira. O que seria um móvel perto de uma floresta?

"No princípio era o Verbo, e o Verbo estava com Deus e o Verbo era Deus. Ele estava no princípio com Deus." João 1:1-2

Alguns anos atrás, ouvi do Senhor a palavra "aprenda" e entendi o seu significado para a minha vida. **Não é bom pararmos, pois o tempo passa e, quando percebemos, ficamos para trás, somente observando tudo acontecer.**

Assista a uma ministração de quem é mais maduro do que você espiritualmente e no seu chamado ministerial. Ouça um louvor de quem tem o mesmo estilo que você gosta. Leia uma literatura de quem tem um conhecimento a mais para te passar.

Amo ver o exemplo do meu pastor José Rodrigues, sem exaltação. Com os seus cabelos grisalhos, ele vai a muitas nações, por várias vezes. Conhece a realidade de outras culturas, não só de ouvir falar, mas de conviver com nativos. Ainda assim, não se cansa de comprar novos livros e aprender com outros irmãos e missionários. Temos que sonhar em ir além do que nossos olhos podem ver. Precisamos ter o coração "pronto para aprender".

Não é bom pararmos, pois o tempo passa e, quando percebemos, ficamos para trás, somente observando tudo acontecer

DOM DE CURA

Quando me converti, sonhava em ter o dom de cura. Comprei livros e livros de pessoas que tinham ministério ligado a isso. Passei a visitar hospitais regularmente. Quando alguém dizia na Igreja que havia um irmão hospitalizado, logo me dispunha a visitá-lo. Quase sempre as pessoas estavam internadas em enfermarias. E, para mim, isso era bom, pois havia muita gente. Ao orar com aquela pessoa, já pedia permissão e começava a orar com as demais.

Na grande maioria das vezes, os sonhos não saem como desejamos. Neste período, comecei a orar e as pessoas, ao invés de serem curadas, começaram a morrer. Elas eram mais velhas e já estavam em estado terminal. Mas morriam e eu chorava. Era nova na fé e não entendia muito sobre o Plano da Salvação. Então, começaram a me chamar quando

Na grande maioria das vezes, os sonhos não saem como desejamos

havia alguém em estado terminal em casa. Foram vários com quem orei que confirmavam Jesus como salvador e iam para a Casa do Pai.

Um dia, estava na loja e uma irmã me procurou, para que eu orasse pelo seu pai. Perguntei:

- Você sabe o que significa eu orar com seu pai?

- Sim! -respondeu ela, prontamente.

E logo a abordei:

- Irmã, você quer que eu ore para o seu pai morrer?!

Ela, chorando, me respondeu sobre a situação do pai e dos anos que sofria naquela enfermidade. Como sempre, orei e ele descansou. Deus me deu a graça de orar e algumas poucas pessoas serem curadas, mas a maioria, não. O dom que eu queria, Ele não me deu. Por enquanto.

Porém, eu estava atrás do dom de cura. Então, lia tudo sobre isso, milagres, avivamento, etc. Lia e relia os Evangelhos. Eram as minhas leituras preferidas. Eu queria o dom de cura. E você? O que quer? Ir mais fundo em Deus é não abrir mão dos sonhos que Ele colocou no seu coração.

Há algum tempo, caminhei com alguns adoradores. Aprendia com eles a ser uma adoradora de coração, mesmo não tocando nenhum tipo de instrumento nem sendo do grupo de dança. Amava isso.

As pessoas podem te influenciar para o bem ou para o mal. Se começar a caminhar com quem não sonha, com o tempo, não vai acreditar em sonhos. Mas, se andar com aqueles que sonham e alto, vai passar a fazer isso, até mesmo acordado. Existe uma frase de um pastor chamado Cesar Castellanos, que gosto muito: "Sonhe e ganharás o mundo!".

O que sonha o seu coração? Assim o é. A sua família está fora da presença de Deus? Então, sonhe com eles na Igreja, servindo ao Senhor. O seu marido está bebendo? Sonhe com ele bebendo suco. Os seus filhos estão dando trabalho? Veja-os ministrando no altar. Somente o coração do Pai pode olhar um filho desconsertado e vê-lo totalmente restaurado, como Jesus fez com Zaqueu e com Paulo.

> *As pessoas podem te influenciar para o bem ou para o mal*

Quando estamos sonhando, não podemos dar ouvidos ao que o Diabo fala a nosso respeito. Ele usa pessoas que amamos para trazer palavras contrárias. Por isso, caminhar com alguém que está acima de nós espiritualmente é importante. É essencial ouvir quem ouve a Deus.

A mulher de fluxo de sangue é um exemplo. O dinheiro, a medicina, os amigos e os parentes pareciam contrários a ela. Mas a sua perseverança não a deixou desistir. Não ouviu a multidão. Perseverou e tocou no Mestre com tanto sonho, com tamanha fé, que dEle saiu virtude:

> *"E eis que uma mulher, que durante doze anos vinha padecendo de uma hemorragia, veio por trás dele e lhe tocou na orla da veste... E Jesus, voltando-se e vendo-a, disse: Tem bom ânimo, filha, a tua fé te salvou. E, desde aquele instante, a mulher ficou sã."*
> *Mateus 9:20,22*

Na maioria das vezes, a multidão não será favorável a

você. Um mendigo descrito no Novo Testamento é prova disso. Quanto mais alto gritava, mais a o povo lhe persuadia a calar. E ele perseverou no seu sonho. Jesus fez

àquele homem o que faz conosco: prova a nossa fé, para nos mostrar a real situação do nosso coração.

Quando analiso a abordagem de Jesus com aquele homem, imagino mais ou menos essa pergunta: "O que pensa o seu coração?". Claro que Ele sabia o que o mendigo queria. Com certeza, todos percebiam que se tratava de um cego. Então, com toda certeza, respondeu: "Quero ver!".

Antes de lermos o texto, quero que analise algumas perguntas: O que tem cegado os seus sonhos? Será que a dor, a amargura, a decepção, a tristeza, o cansaço, a fadiga são tão grandes assim? Será que algo está atrapalhando os olhos do seu coração? Se isso está acontecendo, é preciso ser retirado antes da cura.

> *"E foram para Jericó. Quando ele saía de Jericó, juntamente com os discípulos e numerosa multidão, Bartimeu, cego mendigo, filho de Timeu, estava assentado à beira do caminho e, ouvindo que era Jesus, o Nazareno, pôs-se a clamar: Jesus, Filho de Davi, tem compaixão de mim! E muitos o repreendiam, para que se calasse; mas ele cada vez gritava mais: Filho de Davi, tem compaixão de mim! Parou Jesus e disse: Chamai-o... Perguntou-lhe Jesus: Que queres que eu te faça? Respondeu o cego: Mestre, que eu torne a ver." Marcos 10:46-49,51*

Não deixe que a multidão o constranja e o impeça de buscar a sua vitória. Descubra o que está te cegando e lute contra as dificuldades, como fez Bartimeu. Ele era cego no reino natural, mas não no espiritual. A pior cegueira não é a física, mas a do espírito. A passagem que lemos relata muito bem essa realidade.

A amargura nos priva da Graça de Deus. Lute, arranque-a com as suas raízes, ao ponto de não sobrar nada dentro de você. Olhe para o seu interior. Descubra as escamas que cegam os olhos do seu coração. Em seu livro "Identificando as Raízes de Amargura", o pastor Renato Oliveira fez o seguinte relato sobre as pessoas amarguradas:

A amargura nos priva da Graça de Deus

> "Alguém com esta dificuldade julga as pessoas pelos seus próprios sentimentos e não a partir do que o próximo realmente é. Relaciona-se com os outros de acordo com a amargura de relacionamentos passados e não focando na experiência atual. O amargurado não vê pelos olhos de Deus, mas enxerga a vida cinza, problemática, complicada, sem graça e neurótica, onde todos estão errados. Torna-se a vítima do universo."
>
> Oliveira, Renato. Identificando as Raízes de Amargura, página 50.

O amargurado não consegue aceitar o favor de Deus. Em seu coração, acredita que as pessoas só têm uma atitude nobre porque desejam algo em troca. Por isso, se priva da Graça. Conhece a dor e não a Graça. Quando estou ministrando, digo que a amargura é como um ratinho. Se alguém faz uma bondade, mesmo inconsciente, aquele "ratinho-amargura" rói por dentro.

capítulo 6

O investimento

O mergulho é uma atividade cara e perigosa. O investimento com oxigênio, roupas, barco, equipamentos, viagem não fica barato. Mas o bom mergulhador sempre conseguirá os recursos necessários, pois é isso que arde em seu coração.

Investir em nosso ministério pessoal é algo que não tem tanta aceitação. Nem todos vão muito profundo, ficam em águas rasas. A preocupação com o bem-estar, roupas, sapatos e outras coisas se tornam prioridade na vida de algumas pessoas. Se elas participam do culto na Igreja, já está bom.

Muitas vezes, para nos aprofundarmos, é preciso abrir mão de algum "prazer pessoal" e investir em nossa "vida ministerial". Isso implica em participar de palestras, comprar livros, viajar, entre outras coisas. O chamado tem que arder em nosso coração, se tornar uma prioridade em nossa vida.

O bom mergulhador sempre conseguirá os recursos necessários, pois é isso que arde em seu coração

Acompanhar ministério de libertação, guerra espiritual, vida no espírito, cura, fazer cursos intensivos implicam em sairmos do nosso conforto, do nosso lugar de segurança. Nesse ponto, precisamos saber se somos apenas turistas interessados em algum mergulho raso ou se somos mergulhadores que querem cada vez ir mais fundo.

Em uma determinada época, a minha mãe me questionava por que eu tinha tantos livros. Havia uma estante cheia deles. Alguns eu nem havia lido. Comprava pelo título e, no momento certo, me aprofundava em algum assunto. Eu tinha apostilas de muitos líderes especiais, que, a cada situação, me eram úteis. O que Deus confiou aos meus irmãos servia de edificação para o meu ministério.

Dia desses, estudando sobre um determinado assunto para escrever esta série, fui até a estante e peguei um livro que havia comprado há quase 15 anos. Ele ainda estava no plástico. Eu o comprara apenas pelo título, como base para estudo. Para minha surpresa, quando o abri, o autor falava exatamente do que eu estava precisando.

Um pouco depois, fui mostrar a um irmão e amigo que estava em casa sobre a descoberta. Procurei, folheei e não encontrei. Não foi como da primeira vez, que abri exatamente na página que precisava. Muitas vezes, não sabemos nem mesmo por que estamos investindo, mas o tempo nos mostrará o motivo.

Falar em gastar dinheiro não é fácil. Atualmente, é mais cômodo piratear, mesmo sabendo que isso é uma fraude e uma defraudação para com o irmão que pagou o preço durante anos por aquele chamado. A prova que você está se preparando para ir a águas mais profundas é que comprou este material para edificar a sua vida. Não vejo como caro algo que alguém levou anos para produzir em oração, jejum e choro.

Se pesquisarmos um pouco, vamos ver que o material gospel é mais barato do que o do meio secular. Mesmo assim, livros, CDs e DVDs de artistas não cristãos vendem com mais facilidade. A Palavra fala que *"os filhos das trevas são mais prudentes do que os da Luz"* (Lucas 16:8). Trabalhei por mais de oito anos em uma loja evangélica e entendi essa realidade.

Conheci um irmão na minha cidade natal, Caldas Novas, em Goiás, cujo sonho era gravar um CD de louvor e adoração e sair, com a sua família, viajando e ministrando pelo Brasil. Alguns anos haviam se passado e isso não se concretizou. Ele concordava com a pirataria. Não via nada demais nela. Um dia, em uma conversa, eu lhe disse:

- Você ora há quanto tempo por este ministério?

- Desde que era menino. Faz muitos anos! – respondeu-me ele.

- Tudo bem, então, se você sair do emprego, pegar todas as suas reservas financeiras para gravar o seu CD. Você vai ministrar, orar e jejuar estes anos todos e, quando as pessoas estiverem gostando de sua música, um moço sem compromisso com Deus irá fazer várias cópias e vender bem barato, para beber a sua pinga.

Rápido e em alta voz, ele replicou:

- Nunca! Misericórdia.

- Então, se você não concorda que copiem o seu, como você concorda em copiar o do irmão?

Precisamos pagar financeiramente o preço. Isso é um investimento. É necessário compreender que o irmão investiu alto para nos transmitir determinado conhecimento. Precisamos querer em nosso coração abençoá-lo, semeando em seu ministério.

Quando Deus me deu a série "Desafios da Águia", estava vivendo o tempo de maior conflito no meu interior. Eu mesma não acreditava que conseguiria suportar tamanha dor e nem sabia porque Jesus estava me dando aquele material. Hoje, diante de vários testemunhos, entendo que precisava passar por aquele nível provação. Ouço o que Deus está fazendo na vida de várias outras pessoas através do material escrito.

Precisamos ter sede e fome de conhecimento. Não podemos parar no tempo. O pastor José Rodrigues sempre diz que "ninguém detém toda verdade". A procura pelas coisas espirituais tem que ser nossa e não de Deus. O reino espiritual pertence a Ele. Nós é que temos de ir atrás. A busca é nossa!

Fazer um investimento financeiro implica em abrir mão do lanche, da bolsa nova, do sapato, da roupa nova de cama, do móvel novo, etc. É interessante buscar um tempo face a face com o Senhor, em um lugar espiritual, no local que testificar no seu coração, simplesmente para crescer em conhecimento e em graça. Invista tudo o que puder. Conhecimento não ocupa espaço. Pode não ser fácil, mas é possível.

BUSCA MINISTERIAL

Quando buscava o ministério de cura, cheguei a ir a outro país. Fora do Brasil estavam alguns preletores da área e fui a eles. Decidi buscar algo específico e voltei com coisas que não procurava. Mesmo tendo sido caro e não recebendo de Deus o que eu mais queria, nunca me arrependi. Espiritualmente, cresci muito com aqueles homens.

Nesse tempo, adquiri conhecimento que há muitos anos me são úteis. Quando você estiver investindo na sua vida cristã, creio que poderá receber exatamente aquilo que deseja. E poderá também receber aquilo que Deus deseja liberar para usar na sua vida.

Invista, de coração aberto, para Deus lhe entregar o que deseja o coração dEle. O Senhor sabe o que é melhor para você. Ele olha na terra e procura alguém para se colocar na brecha. E nós dizemos: "Eis me aqui! Usa-me!". Então, precisamos entender que, muitas vezes, a sua vontade pode nos desagradar, porque vai exigir renúncia.

> *Invista, de coração aberto, para Deus lhe entregar o que deseja o coração dEle*

Não podemos ser como a criança que queria um brinquedo, mas ficou chateada porque ganhou roupas ou material escolar. Os brinquedos vão se quebrar, mas o que será aprendido com o material escolar nunca acabará. Ninguém rouba o conhecimento de ninguém.

Na época em que corria atrás do ministério de cura, Deus me entregou o profético. Fiquei muito triste e chorei muito. Durante um tempo, tentei trocar com o Senhor. Orei várias vezes. Um dia, tive um sonho em que via o meu pastor na minha frente. Ele estava sobre uma bicicleta e me dizia: "Nilce, é a vontade de Deus que você tenha este dom. Com o tempo, vai aprender a lidar com ele!".

Entendi que não era o meu pastor e, sim, Deus, na figura dele, falando comigo. O Senhor precisava que eu tivesse o dom profético. Os anos se passaram e continuei buscando mergulhar, a cada dia e muitas vezes, mais fundo nEle. Na caminhada, vi várias pessoas edificadas com o dom que eu não queria e me colocava na brecha. Hoje, produzo livros totalmente revelados ao meu coração, como este que estou escrevendo. Buscava o dom de cura e recebi o dom profético.

Não desisti do dom de cura de imediato. Continuava orando para as pessoas serem curadas. Não podia ouvir a palavra "hospital" que estava lá, para visitar, não somente o conhecido, pois orava em todos os quartos. Esse período realmente me marcou muito, pois pedia para Deus curar e o que via eram as pessoas morrendo. Eu orava e elas morriam.

Entendi, na época, o Plano da Salvação, pois as pessoas que morriam estavam em estado terminal. Deus não fazia o que eu queria e, sim, o que Ele queria. Entendi que os "nossos", nem que seja no último suspiro, irão se salvar por causa das nossas intercessões. A promessa é para nós e nossa casa.

Compreendi que os dons são do Espírito Santo que habita em nós e Ele usa da maneira que quer. Lido com isso com muito temor e responsabilidade. Louvada seja a vontade de Deus em nossas vidas. Se Ele der exatamente aquilo que queremos, podemos ficar vaidosos e amar mais o dom do que o Senhor.

O seu investimento naquilo que é de Deus vai ajudar não só a você, mas ao irmão que estiver mergulhando contigo. Quanto mais profundo, mais conhecimento terá que ter. Quanto mais fundo nEle, mais terá que saber como agir em determinadas situações. **Ninguém é tão pobre que não consiga investir no seu ministério.**

Ninguém é tão pobre que não consiga investir no seu ministério

O medo

Creio que "Medo" é uma palavra bem conhecida por todos quando estão em um treinamento para mergulhar em águas profundas. Lá, aprendemos sobre a seriedade do mergulho. Os perigos são muitos e nem todos podem voltar vivos. Como tudo na nossa vida, existe o risco, como ao dirigir, ao se dar em casamento, ao fazer uma cirurgia, etc. Mergulhar, por mais bonito que seja, é arriscado.

Nas altas profundidades, temos um companheiro fiel: o medo. Qual é o seu medo? Para vencê-lo, você terá de enfrentá-lo! Não se vence sem enfrentá-lo, sem confrontá-lo. Foi através dele que conheci o mergulho. Decidi vencer um trauma de infância.

Aprendendo a mergulhar

Para entender melhor o quanto era difícil mergulhar, vou

começar contando um pouco do local em que nasci. É uma cidade turística, de águas termais, chamada Caldas Novas, no estado de Goiás. Ela é linda, cheia de água por todos os lados. Existem muitos parques aquáticos, cachoeiras na serra (que é um parque ecológico) e nas margens de um dos lagos, muitas piscinas termais, balneários com banheira, córrego, um rio de água quente e agora até praia artificial.

Sou a mais nova de onze filhos. Quando eu tinha nove anos de idade, fomos a um final de semana na beira do rio, uma "pescaria em família". Vários parentes seguiram viagem na frente, na caminhonete do meu irmão José Amado. Saímos no final da tarde, eu e as minhas duas irmãs, Ana Maria e Nilda, além do noivo da primeira. Ana Maria era enfermeira e trabalhou naquele dia. Por isso, somente após o serviço saímos para aquela programação.

Assim que chegamos ao local combinado, o carro ficou atolado em uma poça de água. Eu e Nilda fomos buscar ajuda. Quando ainda estávamos saindo, chegaram o meu irmão Celso e um irmão de minha cunhada, o Paulo. Como todo jovem faz, eles vieram brincando e "pegando no pé". Os proprietários do local haviam construído um rancho bem na beira do rio. Como estava muito cheio, do outro lado se formou uma pequena represa.

Ao chegarmos, encontramos os outros familiares. O meu irmãozinho Claudio pegou na minha mão, para irmos ao local onde estava o carro e voltarmos dentro dele. Saímos e, quando estava em um determinado lugar, fiquei tonta e voltei, dizendo que não queria ir. Eles entraram no veículo e saíram, com exceção de José Amado.

No meio do caminho, havia uma caixa de cupim bem grande. O noivo de minha irmã jogou o carro para a direita para desviar, pois para a esquerda havia o rio. Com o peso do veículo, a terra cedeu e ele caiu na represa, que se formara no local. Quatro pessoas da minha família estavam dentro daquele veículo (Ana Maria, de 22 anos; Celso, de 17; Paulo, de 14; e Claudio, de sete).

O único que não era meu irmão de sangue era Paulinho. Ele era irmão de minha cunhada, mas havia ido participar conosco. O noivo da minha irmã, que dirigia, foi jogado para fora do carro e os outros ficaram dentro.

Foi tentado de tudo que podiam para evitar o pior. O Celso teve um braço preso e uma perna quebrada. O Paulinho ficou preso atrás do banco. Ana Maria pegou o Claudinho nos braços. Acredito que pensou que sairia e o levaria junto (ela era protetora mesmo), mas não conseguiu deixar o carro.

Nós, que estávamos do lado de fora, ficamos atônitos, sem poder fazer qualquer coisa, olhando todos em desespero. A cena que mais me marcou foi a de meu irmão Claudio nos braços de Ana Maria. Ele se debatia e gritava para que eu não o deixasse morrer. O olho dele, quando a morte vinha chegando, é algo inesquecível. Com o passar dos anos, aprendi a conviver com isso, mas nunca o esqueci.

Fomos participar de um lazer em família e voltamos com quatro corpos de volta para a sala da minha casa. Eles morreram afogados dentro daquele carro. Mas não vou permanecer nos detalhes do acidente, pois esse não é o meu objetivo e, sim, ensinar algo pessoal que aprendi com Deus.

Mesmo morando em uma cidade cheia de água por toda parte, não era amiga de atividades aquáticas. Convivia com ela, mas quando bem rasas e limpas. Para mim, água tinha sinônimo de "morte", principalmente se estivesse suja. Os anos se passaram, me tornei uma pastora e comecei a ministrar em eventos chamados "Encontros com Deus". Sempre palestrava sobre cura interior e sabia que eu mesma precisava vencer o meu medo (trauma).

Comecei como qualquer pessoa, aos poucos. Fui com uns amigos num almoço à beira de um rio e, para surpresa de todos, entrei no barco. Creio que devo ter feito uma cara muito feia. Quando a embarcação parou, um homem veio logo me tirar de dentro, dizendo que estava vendo o meu medo. Mas não desisti. Estava decidida a vencê-lo.

Medo é algo que você tem que decidir vencer. É uma "decisão". Porém, não se consegue enfrentando de uma vez. É vencido aos poucos. Após conseguir entrar no barco, ainda faltava mais para vencer o rio.

Os anos se passaram, agora que já havia me convertido ao evangelho tinha algo para vencer. Não conseguiria sozinha, precisava do Espírito Santo comigo.

A cidade onde eu vivia ganhou um lago, formado por usina hidrelétrica, e passei a ir vê-lo. Sou a filha mais nova de onze irmãos. Já nasci tia e cresci no meio de meus sobrinhos. Sempre fomos muito unidos e comecei a ir com eles andar de lancha no lago. Via a água passar por baixo e nunca me arriscava a pular dentro dela, como alguns faziam. Mesmo estando em segurança dentro da embarcação, não deixava de ter medo.

Mas pelo menos já havia vencido uma parte. Precisava vir a próxima. Sem a proteção da lancha, me arrisquei a andar de jet ski. Era bom. Ele corria muito, quebrava as ondas. O vento batia no meu rosto. Pensei comigo: "Se consegui vencer até aqui, posso ir além!". Fui aprender a esquiar na água.

Quando a lancha ou o jet ski puxavam a corda, tudo bem. Mas, quando eu caía, via a lancha longe e água suja por toda parte, o desespero vinha dentro de mim. Tentei várias vezes. Nunca aprendi a esquiar, mas venci uma etapa na minha vida.

Acreditei que já estava curada, que estava tudo bem. Mas Deus nos conhece mais do que nós mesmos. Não adianta curarmos uma ferida apenas superficialmente. **A cura tem que ser de dentro para fora.** Temos que nos aprofundar, ir além do que os nossos olhos podem ver. Se a cicatrização não acontecer primeiramente no seu interior, a ferida vai inflamar e você vai ter que abri-la, mexer nela, usar o medicamente adequado. Será mais caro e complicado.

> *A cura tem que ser de dentro para fora*

Mas o tempo passou e um de meus sobrinhos foi trabalhar com mergulho em um parque aquático muito grande na nossa região. Ele contava histórias bonitas, que nunca me chamaram a atenção. As águas lá são limpas, quentes e boas para a prática de mergulhar. Um dia, chegou com uma novidade. Disse que havia conseguido um curso de mergulho para mim. Falou isso muito feliz.

Olhei dentro de mim e temi. Entrei em oração. Precisava responder a ele, pois logo se iniciariam as férias e não poderia mais fazer o curso, por causa da quantidade de pessoas que estariam no parque. Falei com o nosso pastor, o bispo da Igreja. Como era um homem muito sério e eu era a pastora de jovens, achei que ele me diria "não". Assim, teria a resposta de Deus de que não era para fazer o curso. Então, disse:

- Pastor, ganhei um curso de mergulho! Vou ter que ficar lá durante uns três dias, direto, no meio de muitos homens, só de roupa de banho (não se mergulha com roupas comuns).

Fiquei pronta para ouvir o "não". Ele parou um pouco e logo me respondeu:

- Pastora, que benção! É maravilhoso. Até eu quero passar por um curso como esse. Tente conseguir para eu fazer também...

Não tive dúvidas de que, verdadeiramente, Deus estava me dando aquele curso. Então, adquiri uma bermuda de lycra e fui fazer as aulas. As primeiras foram teóricas. Depois de passar nas provas, fomos à segunda etapa, enfrentar a água. Como estava em treinamento, o instrutor não podia ir segurando o meu colete. Eu tinha que ir junto com o grupo, mas mergulhando sozinha.

Consegui ver o que não vi no dia do acidente: Deus comigo! E Ele abriu os meus olhos. Percebi que dentro da água havia "vida", peixes, plantas, flores. Da terra subia ar, que formava bolhas. Eu brincava com elas. Fiz, juntamente com o grupo, todos os exercícios.

Consegui ver o que não vi no dia do acidente: Deus comigo!

No treinamento, enquanto você não consegue fazer um exercício, não passa para a próxima fase. Após fazermos as primeiras etapas, tínhamos que ir para as plataformas. A primeira era mais alta e a segunda mais baixa. E quanto mais fundo, mais escuro.

Na etapa inicial, foi tudo muito bem. Quando fomos para a segunda plataforma, deu mais medo, pois as águas são mais escuras. A segurança que temos embaixo da água é um lastro e um colete com o oxigênio. Esse exercício propunha tirar o colete, contar até 10 e colocá-lo novamente. A pessoa fica sem estabilidade alguma. Mesmo assim, é preciso ter calma para cumpri-lo. No grupo em que eu estava, fui a primeira a fazer. Em seguida, um colega fazia o exercício e se desesperou. Foi, então, que vi o mesmo olho que tinha visto aos nove anos de idade.

Ele começou a se debater e o seu olhar me chamou a atenção. O seu olho de desespero era o mesmo do meu irmãozinho nos braços de minha irmã quando a morte se aproximava. Naquele momento, eu mesma precisava fazer alguma coisa. Não podia ir para a sua frente, pois, se me segurasse, poderia me afogar junto. Fui para as suas costas, peguei o seu colete e coloquei junto a seu corpo, para lhe dar segurança.

O meu sobrinho foi para a sua frente e ficou fazendo sinal para se acalmar. Passaram-se alguns segundos até que se acalmasse e a situação fosse controlada. Depois, retornamos aos exercícios, até que ele conseguisse. Voltamos à superfície, os três, com a vitória e a certeza de que vencemos o mal. Agora, eu conseguia ver vida onde eu só via morte. **Eu havia vencido o *olho do meu irmão*.**

Às vezes, para se vencer o medo, talvez o Senhor precise

criar algo parecido com o que você viveu, que te trouxe feridas. Em certas ocasiões, será necessário ir ao mais profundo e vivenciar a mesma situação, só que de ângulo diferente. Naquele dia, consegui ver que Deus estava comigo, que há vida onde eu via morte e que, com o Pai, posso vencer qualquer barreira criada no meu interior.

Hoje, posso falar, e com orgulho, que sou mergulhadora. Na época, não entendia a finalidade daquele treinamento em minha vida, mas aceitei o que Deus estava me dando. Ele sempre criará uma situação para fazer você vencer o medo. Quando isso acontece, sempre temos escolhas e elas são: **aceitar e vencer** ou **desistir**.

Se você aceitar, ainda terá oportunidades de desistir no meio do caminho e nunca saber o que teria acontecido caso tivesse ido até o fim. Se desistir no início, não vencerá o seu medo. Quando uma situação que te lembra da ferida for colocada à sua frente, poderá te paralisar. O desespero poderá morar à sua porta. Todos os que querem ir além encontrarão o medo no seu caminho. Ninguém vencerá isso por você. Ele é seu e só você pode vencê-lo.

> *Não deixe as coisas para depois, pois o amanhã é sempre amanhã. Ele não costuma chegar*

Se decidir vencer o seu medo, veja as etapas que segui:

1. Deus comigo: Sempre quando acontece um trauma, a pessoa se sente só. O pensamento é de que o Senhor a abandonou naquele momento ou de que, se Ele estivesse ali, nada teria acontecido. Ao se deparar com uma situação parecida, é importante convidar Deus, o Espírito Santo e Jesus para ir contigo, tendo a certeza de que Ele estará lá. Eu sei que o Pai não abandona ou desampara, que sempre está conosco. Mas, no dia da adversidade, esse não é o pensamento que passa na maioria das cabeças.

2. Orar: Peça cobertura de oração para as pessoas em quem confia. Jejue, se preciso for. Aquele é o dia em que as barreiras vão cair do seu interior.

3. Etapa por etapa: Vá devagar, até onde conseguir. Não deixe a situação chegar ao estágio de desespero. Senão, as coisas podem sair do controle. Descubra os seus limites.

4. Nunca desistir: Lute contra o pensamento de desistência. Não deixe as coisas para depois, pois o amanhã é sempre amanhã. Ele não costuma chegar. Você pode perder as oportunidades criadas por Deus para lhe abençoar. Quando elas chegarem, aproveite-as no mesmo momento.

5. Chegar à reta final: Vá até o final. Não vá um pouco e pare ou desista. A segunda tentativa pode ser difícil. Não desista no meio do caminho. Vá até o final da jornada. É lá que está a sua vitória.

Não force as pessoas que você ama a enfrentarem os seus medos sem que estejam preparadas. Certa vez, acompanhamos um caso assim na Igreja. Tratava-se de uma filha que não tinha pai e agora perdera sua mãe. A vontade das pessoas que a amavam a levou a um estágio pior do que o que estava vivendo.

Até então, vivia com a mãe em casa. Eram somente as duas morando ali. Os seus dois irmãos já estavam casados e todos tinham seus filhos. Como ela estava muito triste, deprimida, negando a morte da mãe, os irmãos resolveram ajudá-la. Levaram-na até o cemitério onde a mulher estava enterrada. Essa atitude a fez travar. Parou de falar, entrou em uma depressão profunda, se isolou em casa e não tinha contato com ninguém.

Fomos levados àquela residência. Ao chegarmos, a cunhada, que tinha a chave, abriu a porta para nós. Fiquei impressionada com a quantidade de vasilhas sujas, jogadas ao chão. Havia roupas espalhadas por toda parte. Quando passamos da cozinha para a sala, tivemos que limpar as teias de aranha no caminho. Elas já estavam muito pretas e grandes por todo canto. Realmente, parecia uma casa de terror.

Encontramos a moça deitada na cama, parada e com os olhos fitos no ar. Naquele dia, não disse nada. Somente a abracei, beijei a sua cabeça, acariciei os seus cabelos e fomos embora. Antes de sairmos, a sua cunhada perguntou se poderíamos voltar e ela somente a olhou. Como indicou que gostou de nós, pedimos para visitá-la novamente.

Continuamos com as visitas, mas diante de jejuns e orações por sua vida. Para a nossa surpresa, permitiu, com a cabeça, que limpássemos a casa. Ela voltou a falar aos poucos. Começou balbuciando algumas palavras. Hoje, já está bem, voltou à escola e a conviver em sociedade.

Antes de falarmos sobre a sua perda, mostramos, de maneira prática, que a amávamos e que não estava só na terra. A confiança veio através do amor de sua família. Os pensamentos de morte que a sondavam foram, aos poucos, embora e a alegria surgiu novamente no seu coração. Ela não precisava saber onde estava enterrada a sua mãe. Precisava, primeiro, entender que havia pessoas na terra que a amavam e que Deus estava segurando em suas mãos.

Não estou relatando aqui medos comuns. Estou relatando traumas, perdas irreparáveis. Somente o Espírito Santo pode nos dar a direção de que caminhos seguir na jornada, para vencermos e ficarmos livres desse nível de dor.

capítulo 8

O mergulho livre

Cada um tem um tipo de capacidade. Por isso, sugeri no capítulo anterior que, para se vencer, é preciso passar etapa por etapa. A pessoa vai adquirindo capacidade e confiança após realizar uma tarefa repetidamente. Se você trabalha com uma calculadora, com o tempo, não precisará visualizar os números. Vai conseguir digitá-los sem olhar. Às vezes, para relembrar de um telefone, vai precisar pegar o aparelho e tentar discar para aquela pessoa. Mesmo não lembrando as informações de imediato, quando necessário, o nosso cérebro lembra.

Se um dia mergulharmos 30 segundos repetidamente, no outro poderemos conseguir ir até 60 segundos. Se perseverarmos, poderemos chegar até uns dois minutos. Cada pessoa tem uma capacidade e um limite. Devemos saber onde é o nosso. Precisamos decidir ser fracos ou fortes. Por isso, a importância de testar e, aos poucos, vencer. Deus não coloca em nós um fardo que não podemos suportar. Os mais fortes devem entender os limites dos mais fracos.

> *Deus não coloca em nós um fardo que não podemos suportar. Os mais fortes devem entender os limites dos mais fracos*

O mergulho livre está na categoria autônoma. Isso consiste basicamente em utilizar somente o ar contido nos pulmões, uma máscara respiradora (snorkel) e nadadeiras. Geralmente, ele é praticado em águas mais rasas, onde o participante pode retornar quando não consegue ir além.

Com o treinamento e a técnica, alguns mergulhadores conseguem ir mais fundo, como o caso de um neozelandês da modalidade *"freedive"* (ou mergulho livre). Ele estabeleceu um recorde (confirmado pela *World Records Academy*), chegando à profundidade de 116 metros, nas Bahamas. William Trubridge passou quatro minutos e nove segundos debaixo da água, apenas com o oxigênio que tinha nos pulmões. Veja a entrevista que busquei na internet sobre ele:

> "Eu enfrentei um pouco de narcose (no caso, sensação semelhante à embriaguez, produzida pela concentração de nitrogênio no organismo em mergulhos profundos), mas foi excelente ter conseguido o recorde de imersão livre de novo."
>
> BBC Brasil (www.bbc.co.uk) Edição virtual de 26 de abril de 2010

Um mergulho livre para alcançar um recorde é feito com responsabilidade. O mergulhador recebe suporte e uma equipe toda o acompanha, com máquinas fotográficas, filmadoras, lanternas e tubos de oxigênio de reserva. Cada competidor sabe da sua capacidade. Se você ainda não consegue mergulhar nem mesmo cinco metros e ficar 60 segundos debaixo d'água, como enfrentar 116 metros em quatro minutos?

Temos que saber da nossa capacidade, buscar preparo e vencer etapas. Com certeza, vamos conseguindo resistência e experiência para superar níveis mais difíceis da nossa vida. Se ficarmos parados, apenas olhando os que estão conseguindo, continuaremos somente assistindo a vitória de outros.

Temos que saber da nossa capacidade, buscar preparo e vencer etapas

Qual é o seu recorde? A minha saudosa mãe venceu o dela antes de morrer. Criou onze filhos, 18 netos, cinco bisnetos e uma tataraneta. Era isso que falava alto em seu coração. A sua vida se resumia à família. Falava neles e vivia para eles. Então, morreu satisfeita, sabendo que havia gastado os seus dias naquilo que amava.

Cada um tem um objetivo na vida. Cada um tem os seus sonhos. É triste quando questionamos os jovens sobre a sua capacidade e eles nos respondem que não sabem. Há muitas pessoas que não sabem sobre os seus sonhos. Não têm projetos. A Palavra de Deus diz que "*os jovens são fortes e já venceram o maligno*" (1 João 2:14) e que "*os velhos terão sonhos e os jovens profetizarão e terão visões*" (Joel 2:28).

Os desafios e recordes são pessoais. Uns fazem mergulho livre em águas rasas por brincadeira. Outros levam a sério e nadam nas profundezas com responsabilidade. De toda forma, o mergulho livre tem que ser feito de acordo com a "capacidade" e a "responsabilidade" de

...o mergulho livre tem que ser feito de acordo com a "capacidade" e a "responsabilidade" de cada um

cada um.

Se alguém consegue mergulhar apenas no raso, que nade no raso. Se consegue mergulhar a cinco metros, que nade os cinco metros. Se consegue mergulhar nas profundezas, que nade nas profundezas.

capítulo 9

A linguagem do mergulhador

A linguagem dos mergulhadores é algo muito interessante. Eles se comunicam por sinais. Cada sinal tem um significado. Para se comunicar dentro da água, é preciso primeiramente compreender essa linguagem. É uma conversa muito difícil. Vamos aprender um pouco sobre isso.

SOM DENTRO DA ÁGUA

O som nada mais é do que uma vibração mecânica, transmitida aos ouvidos por meio material (sólido, líquido ou gasoso). A sua velocidade propagada no ar é de 350 metros por segundo. Na água, é de 1.400 metros por segundo. Como a água é mais densa do que o ar, os sons deveriam ser ouvidos mais claramente e em distâncias maiores. Mas isso só acontece se houver equipamentos específicos e sofisticados. Naturalmente, a voz humana não pode ser ouvida.

O ouvido humano determina a direção de um som através da diferença de tempo entre o momento em que ele é atingido. Com a velocidade na água quatro vezes maior do que no ar, fica praticamente impossível detectar esta diferença e determinar a direção em que se origina o som. Mesmo que alguém pudesse gritar, nada seria ouvido. Por isso, se usam sinais no ambiente aquático.

ALGUNS SINAIS

> *Quando conhecemos alguém, um simples olhar significa um discurso*

Os sinais usados embaixo da água representam basicamente algumas expressões, que são: "espere", "fique aí", "algo errado", "OK?", "perigo", "subir", "descer", "estou com pouco ar", "estou sem ar; dê-me ar" e "vamos trocar ar".

No nosso meio, também sabemos que existem tipos de linguagem, falada e corporal. Quando conhecemos alguém, um simples olhar significa um discurso. Outros diriam que, para quem sabe ler, um pingo é letra. Mas não é apenas dentro da água que a comunicação é difícil. Às vezes, para nos comunicarmos fora também.

Precisamos identificar a linguagem do nosso próximo. Encontramos sobre isso no livro "As Cinco Linguagens do Amor", de Gary Chapman. Elas são: **dar presentes, qualidade de tempo, toque, serviço e palavra de afirmação**. Deus sempre preparará para nós momentos especiais em que poderemos praticar a linguagem ou **ficar calados.**

Quando não conseguimos expressar corretamente a nossa linguagem, devemos nos lembrar dos mergulhadores, que falam somente o necessário.

> *"Até o tolo, quando se cala, é tido por sábio e o que cerra os lábios, por entendido." Provérbios 17:28*

O mergulho nos ensina que a comunicação dentro d´água é apenas a necessária. Se não houver microfones sofisticados, não existirá conversa. As pessoas podem mergulhar horas e expressar apenas um sinal, como um "OK" ou "algo errado?". Não se pode ficar falando compulsivamente, nem o que vem na boca.

> *O mergulho nos ensina que a comunicação dentro d´água é apenas a necessária*

Temos percebido que algumas pessoas que amamos ou, às vezes, até nós mesmos usamos a "sinceridade" para ferir e atingir o semelhante. Falamos tudo o que vem da boca e essas palavras muitas vezes são duras e sem sabedoria.

A Bíblia relata que há pessoas que, por dentro, são como sepulcro caiado. Elas precisam jorrar para fora o que de mau está no seu interior. Sem consciência da situação, externam sentimentos negativos, que as sufocam. Essa é sua linguagem, as palavras torpes. Leiamos:

> *"Ai de vós, escribas e fariseus, hipócritas, porque sois semelhantes aos sepulcros caiados, que, por fora, se mostram belos, mas interiormente estão cheios de ossos de mortos e de toda imundícia." Mateus 23:27*

Temos uma linguagem própria e o Senhor vai falar conosco da maneira que identificamos

O humano só pode dar o que tem. Só brota em nós o que está em nosso interior. Em momentos de ira, saem palavras que nem sabíamos que estavam lá dentro. Se não estivessem, não teria saído. Por esse motivo, quando queremos ir mais fundo em Deus, temos que ir mais fundo dentro do nosso ser. Não podemos ser superficiais quando se trata de nós mesmos. Temos uma linguagem própria e o Senhor vai falar conosco da maneira que identificamos.

Conheci uma senhora que não havia conseguido realizar os sonhos de seu coração quando jovem. Agora, já velha, vivia em família, mas amargurada. A dor que vivera durante toda a sua criação se tornara a maneira que conhecia ser a voz de Deus.

Aquela senhora acreditava em seu coração que o Senhor falava por meio da dor. Todas as vezes que passavam por um acidente no meio da família, mortes ou enfermidades, considerava ser Deus tratando com eles. Mas, quando alguém conseguia um emprego melhor, comprar um carro novo ou se dar em casamento, ela não identificava ser uma benção divina. Esse testemunho nos ensina que precisamos desaprender o que de negativo levamos a vida toda aprendendo. E isso não é fácil.

Depois de experiências desagradáveis na nossa vida, não queremos ouvir mais Deus falar conosco na dor. Hoje, presto atenção se não estou ferindo ou magoando alguém. Não quero reconhecer essa linguagem como meio de comunicação do Pai em minha vida. Se só conhecemos gritos, Ele terá que gritar conosco. Se nós conhecemos palavras mansas, Ele falará manso conosco. Se conhecemos o amor, falará amorosamente.

Vimos que, no mergulho, é preciso ter uma linguagem específica e assim é em outras áreas onde há pessoas. Cada país tem a sua língua. Se quisermos nos comunicar com os nativos, precisaremos frequentar uma escola de idiomas e aprender. As expressões corporais também são importantes, muito embora elas só sirvam de base para comunicação com quem se conhece muito bem. Para nos relacionarmos com alguém, temos que aprender a sua linguagem. Relacionamento é convivência.

HOSPÍCIO

Certa vez, um homem foi visitar um hospício. Ele chegou bem na hora do lanche e todos os pacientes estavam no pátio. Eram umas 200 pessoas. Havia uma única porta pequena, sem trancas adequadas. Ali, ficava um guarda, que, há mais de 15 anos, trabalhava naquele lugar. Não possuía armas, sequer um cassetete. O visitante observava que não havia enfermeiros suficientes, caso acontecesse algum imprevisto.

O homem entregou o que foi levar no hospício e, quando estava saindo, perguntou ao guarda:

- O senhor não tem medo de uma rebelião?

- Não! – respondeu, prontamente.

- Mas eles são muitos e vocês, funcionários, são tão poucos!

- Os loucos não se unem!

Não podemos ser como os loucos, que não se comunicam e, assim, não se unem. De nada adianta fugirmos de situações difíceis para não nos ferir, pois amanhã elas poderão nos alcançar, onde estivermos. Jó falou: "porque aquilo que temo me sobrevém e o que receio me acontece" (Jó 3:25). Persevere em amar alguém difícil de amar, em se relacionar com pessoas difíceis de se relacionar. Diz um ditado popular que "dois bicudos não se beijam". O que não gostamos no nosso irmão, muitas vezes, é o que somos.

Para alguns, essa prática é bem complicada, mas vamos praticar "ficar calados" e "falar o necessário". Todos nós precisamos disso em nossas vidas: ouvir algo de alguém e não querer falar do assunto; saber que aconteceu alguma coisa e não se interessar sobre quem é; escutar algo e guardar conosco.

Devemos falar tudo o que precisamos, mas com Deus. Temos o costume de contar as nossas angústias, vitórias e aspirações pessoais para todo mundo e não para o Pai. Por vezes, esquecemos que o Senhor é o único que pode realmente fazer alguma coisa por nós.

capítulo 10

A pérola negra

Como estamos falando sobre mergulhar, vamos usar uma analogia sobre uma pedra muito preciosa formada no fundo do mar, a pérola. Ela é conhecida como a "rainha das gemas", de todas as gemas. É tida como a mais perfeita. Não necessita de lapidação ou polimento, pois já nasce bela, pronta para ser usada. Todo o seu esplendor já pode ser visto no mesmo instante em que é extraída da ostra.

A pérola é uma gema orgânica, ou seja, a sua produção está ligada a um ser vivo. **É formada por um mecanismo de defesa da ostra contra um organismo estranho que entra dentro dela.** Isso tanto pode ser um grão de areia, uma larva ou um parasita. Para se proteger desse intruso, ela passa a secretar uma substância particular, produzindo camadas e camadas de nácar. Essa química envolve por completo o ser estranho, gerando a pérola.

As pérolas negras são mais raras ainda e são conhecidas

por vários adjetivos, como "rainha das pérolas", "perfeição", etc. Elas vêm dos Mares do Sul, das lagunas da Polinésia Francesa. A ostra que a produz é chamada de "Te Ufi". É formada da mesma maneira que todas as outras, mas o que chama a atenção em si não é isso e, sim, a sua cor, que a faz mais preciosa do que as demais.

Aprendemos com a pérola e a sua formação que existem deficiências no nosso interior, que, se usadas da maneira correta, se tornam preciosidades na nossa vida. O mal, que queríamos que Deus colocasse a mão em nós e arrancasse, é necessário. Devemos aprender a lidar com ele.

APRENDENDO A LIDAR COM AS ADVERSIDADES

Deus criou pessoas melancólicas, fleumáticas, coléricas ou sanguíneas. Quando, por exemplo, estamos tendo uma crise de melancolia, Ele conhece essa parte da nossa vida, dos nossos sentimentos. O que precisamos encontrar é o equilíbrio de nossas emoções. Precisamos ser duros quando temos que ser duros, carismáticos quando temos que ser carismáticos e mansos quando temos que ser mansos.

O Senhor nos ensina a transformar o que é defeito em qualidade. Mas o que é defeito? O que é qualidade em nós? Por exemplo, as pessoas se cansam de serem boas com todos e não serem valorizadas. Isso é um defeito ou uma qualidade? No meio de gente que compra e não paga, há quem se canse de ser honesto, se canse de alguns o acharem diferente por ser certo.

Se a verdade não estiver impregnada em nós, vamos pensar que o que fazemos de certo, por estar na contramão do mundo, é o errado. Vou relatar uma situação para demonstrar o quanto uma atitude negativa, de constrangimento, pode abalar alguém, mesmo quando a pessoa está certa.

Eu estava dirigindo em Goiânia, Goiás, na companhia de alguns irmãos, à noite. No trajeto, paramos em um sinal vermelho em uma rua de mão dupla. Estava ali, esperando o semáforo abrir, quando os carros e motos começaram a passar e buzinar. Olhamos para o farol e ele não estava estragado. Quando cheguei, estava saindo do amarelo. As pessoas começaram a gritar: "Sai daí! Está atrapalhando!".

Olhamos um para o outro com perguntas no ar: "A lei de trânsito aqui mudou? Será que as cores do semáforo inverteram?". Então, o sinal abriu e fomos embora. Estávamos nos sentimos na contramão do mundo, mas certos de que no temor do Senhor não precisamos fazer coisas erradas só porque todos estão fazendo.

Quando vamos fundo em Deus, vamos fundo em nós mesmos. E lá, com o Espírito de Temor do Senhor, identificamos os nossos erros e qualidades. Vemos que o medo é uma parte do temor, que não estar seguro em uma situação nos faz depender dEle e não da nossa própria capacidade. Então, esse medo que existe dentro de nós é necessário.

As pérolas

As pérolas não são formadas de um dia para outro. Leva algum tempo. Elas não são todas iguais. Mesmo surgindo no mesmo lugar,

As pérolas não são formadas de um dia para outro. Leva algum tempo

apresentam modelos e cores diferentes. Leia a diferença entre algumas delas:

• **Pérola Barroca:** O material perlífero (que a produz) é distribuído muito irregularmente e de forma desordenada, dando à gema um formato irregular.

• **Pérola Blister:** A gema é gradualmente recoberta por camadas de madrepérola.

• **Pérola Fresh Water:** São aquelas de formato "arroz".

• **Pérola Akoya:** É a mais clássica, popular e de excelente reputação comercial. Ela tem forma arrendondada e, por isso, faz mais sucesso.

• **Pérola Negra:** É formada como as outras, mas há um tipo específico de ostra que a produz, em uma determinada região do planeta.

Todas as pérolas são muito preciosas e diferentes. Os sentimentos que existem em nós também são assim. O que precisamos é saber transformá-los em qualidades para a nossa vida, como a ostra, que, em sua defesa, pega um simples grão de areia e transforma numa preciosa pérola.

Temos que usar o que o Diabo plantou em nós para transformar em sentimentos preciosos. Mesmo que as experiências sejam as mais negativas e inexplicáveis. Podemos somar a bondade com a prudência para produzir a misericórdia. O bondoso precisa da prudência. Podemos usar a insistência para produzir a perseverança. O que um insistente precisa é perseverar.

...precisamos é saber transformá-los em qualidades para a nossa vida, como a ostra

As pérolas existem em várias regiões do mundo, mas a negra só em uma região específica. Somente Deus pode determinar que o que Ele já criou seja diferente dos demais.

Pode haver algo comum em nós ou nas pessoas da nossa região, o que várias pessoas têm. O Espírito Santo transforma aquilo tão comum em algo precioso.

Deus criou o céu, a terra, o universo e tudo o que nele há: plantas, águas doces e salgadas, animais e até o homem. E continua criando e transformando todas as coisas. Faz o nosso deserto virar um lugar que dá leite e mel. Faz os nossos sentimentos maus se transformarem em bons. Não existe nada impossível para Ele.

O segredo é a distância que permanecemos do Senhor. Quando mais perto, mais autoridade para conquistar coisas boas. *"Conheçamos e prossigamos em conhecer a Deus"* (Oséias 6:3). Deixe-o criar novidades no seu interior e transformar o que é mau no que é bom.

Para mergulhar fundo em Deus, você vai começar mergulhando fundo dentro de si mesmo. Para, então, se tornar à imagem e semelhança de Cristo Jesus, você precisará experimentar os sentimentos e pensamentos do coração dEle. Não é para dominar o mundo e, sim, para ser dominado pelo Espírito Santo, que, aliás, é o nosso próximo assunto.

Aguarde a sequência desta série!

Bibliografia

- Rodrigues, José. Uma Única Verdade, MCMPublicações.

- Rodrigues, Juliana. Um Rio Chamado Amor, MCMPublicações.

- Oliveira, Renato. Identificando as Raízes de Amargura, MCMPublicações.

- Oliveira, Jonatas. Aos Teus Pés, MCM Publicações.

- Apostila de Mergulho na Internet (www.ebah.com.br)

- Pérolas(www.wikipedia.org)

Conheça a MCM

A MCM é uma agência missionária que visa, fundamentalmente, unir igrejas sem pretender formar uma denominação única, entendendo que a conquista das cidades e das nações para Cristo não pode ser feita por nenhuma igreja local isolada, mas existe um poder tremendo na unidade do Corpo de Cristo na conquista das batalhas.

A MCM (Missão Cristã Mundial) tem os seguintes pilares para a sua operação:

1. UNIDADE DO CORPO DE CRISTO

A MCM fomenta a unidade entre os ministérios, entendendo que cada ministério tem uma visão, governo e identidade inegociáveis e intocáveis, mas o Corpo é um e o Reino é um. A divisão é a maior vitória que satanás tem conseguido no meio cristão. Nenhum pastor ou ministério tem a revelação completa dos mistérios do Senhor Jesus. É necessário que nos humilhemos para buscar a unidade.

2. RELACIONAMENTOS MINISTERIAIS

O livro de Atos dos Apóstolos revela o perfeito modelo de funcionamento da Igreja, como um Corpo, onde as pessoas viviam livres, mas não independentes ou isoladas umas das outras. A MCM preconiza este processo, encorajando e trabalhando em favor do mesmo, difundindo a visão de que ninguém deve andar sozinho, mas se dedicar a desenvolver relacionamentos ministeriais, o que lhe trará proteção, crescimento e edificação.

3. POVOS NÃO ALCANÇADOS

O maior objetivo da MCM é levar o nome de Jesus aos povos não alcançados.

Deus prometeu abençoar cada tribo, língua, povo e nação através do Filho de Abraão. As últimas palavras de Jesus antes de subir ao Céu foram: *"confins da Terra"* Atos 1:8. Esta foi a grande ênfase do apóstolo Paulo e mais tarde de todos os apóstolos. O objetivo final da Igreja é ir aos povos não alcançados.

4. ATOS DE JUSTIÇA

O linho finíssimo são os atos de justiça dos santos, vestimenta fundamental para as bodas do Cordeiro (Ap 19:8). É chamado da Igreja: repartir o pão com o faminto, recolher em casa os pobres desabrigados (Is 58:7), lutar contra a escravidão sexual de crianças, abrigar os órfãos de guerra, cuidar dos enfermos para ouvir do Rei naquele dia: *"Vinde, benditos de meu Pai! Entrai na posse do reino que vos está preparado desde a fundação do mundo"* (Mt 25:34 a 36).

"...a fim de que todos sejam um; e como és tu, ó Pai, em mim e eu em ti, também sejam eles em nós; para que o mundo creia que tu me enviaste."
João 17:21

UNIDADE

A MCM não pretende discutir doutrinas, entendendo que cada ministério tem uma:

1. Visão

2. Governo

3. Identidade

Estes valores são inegociáveis e intocáveis, mas o Corpo e o Reino são um.

Não pregamos a formação de uma só denominação. Os rótulos são necessários, são de Deus. O nome de sua igreja identifica sua visão. A MCM visa estabelecer um processo de cobertura de ministério para ministério, formando um sistema de cobertura espiritual idêntico ao que encontramos na igreja primitiva. Para formar esta cobertura, estabelecemos o processo de filiação de Igrejas à MCM.

Quando uma igreja se filia à MCM estabelece-se um compromisso em 2 vias: A MCM se compromete a ser um portal que conectará a igreja aos povos não alcançados.

E-mail: mcmunidade@mcmpovos.com

TRIBOS

Ao lado das igrejas que enviaram os seus missionários com o apoio da MCM, temos treinado obreiros locais dentro dos povos não alcançados na África e Ásia para assumirem a liderança da igreja em seu próprio país, dentro de sua própria cultura, onde não enfrentarão problemas como barreiras transculturais, barreiras de idioma, costumes e vistos.

TRIBOS é o Setor da MCM que visa levantar pessoas que se envolverão no sustento de obreiros nativos em suas próprias nações para que eles possam evangelizá-las eficazmente. A MCM atua hoje em vários países da Ásia e África.

E-mail: mcmtribos@mcmpovos.com

MENINAS DOS OLHOS DE DEUS

A exploração sexual infantil tornou-se uma epidemia mundial na África, Ásia e mesmo no Brasil. A MCM atua no resgate dessas meninas menores de idade que são vendidas ou alugadas para uso sexual como se fossem uma mercadoria barata e coopera para a restauração delas por meio de casas de acolhimento, escolas, profissionalização e programas de prevenção em países da Ásia, África e Brasil.

E-mails: mcmmeninasdosolhosdedeus@mcmpovos.com

mcmmeninasbrasil@mcmpovos.com

HERDEIROS DE DEUS

Este programa da MCM faz o trabalho de resgate e assistência a órfãos de guerra e crianças em situações de risco, abrindo casas de acolhimento e/ou escolas para a formação destas crianças, tirando-as da situação de abandono e orfandade e transformando-as em Herdeiros de Deus, por meio de casas de acolhimento, escolas, profissionalização e programas de prevenção em países da Ásia, África e Brasil.

E-mail: mcmherdeirosdedeus@mcmpovos.com

REDE MUNDIAL DE INTERCESSÃO

A Rede Mundial de Intercessão tem o objetivo de UNIR intercessores por todo o mundo para caminhar com um plano de jejum e oração em unidade pela queda dos príncipes das trevas que governam as nações.

Cada pessoa que se cadastrar à Rede Mundial de Intercessão receberá boletins semanais com os alvos de oração, ensino e ministrações sobre missões e oração, fará parte de um plano de jejum pelos Povos da Terra.

E-mail: mcmrededeintercessao@mcmpovos.com

REDE MUNDIAL DE ADORAÇÃO

A Rede Mundial de Adoração tem o objetivo de contribuir para o estabelecimento de 24 Horas de Adoração a Deus de norte a sul do Brasil e ao redor de toda a terra, para que em todas as línguas, Jesus seja adorado.

E-mail: mcmrededeadoracao@mcmpovos.com

CFCO

O CFCO (Centro de Formação e Capacitação de Obreiros) foi criado para ajudar igrejas no Brasil na formação de obreiros, missionários e pastores.

Cursos oferecidos:

1. Curso de Caráter e Missões – 2 anos
2. Curso de Caráter e Adoração – 2 anos
3. Intensivo – 30 dias (janeiro e julho)
4. Curso Integral de Língua Inglesa – 1 ano

E-mail: mcmcentrodeformacao@mcmpovos.com

REVISTA MCM POVOS

A Revista MCMPOVOS visa ser um instrumento de Deus para que o Evangelho de Cristo alcance todas as nações da Terra!

Trata-se de uma revista diferente, de alta qualidade, dinâmica e interativa; uma revista que alcança todas as faixas etárias, que traz informações sobre todos os programas que a MCM tem desenvolvido nas nações em parceria com as igrejas locais e palavras de edificação, entrevistas, informações sobre a realidade dos povos não alcançados pelo evangelho, unidade da Igreja, intercessão, atualidades, maravilhas da natureza, saúde, panorama, click entre os povos, entre outros.

E-mail: mcmrevista@mcmpovos.com

SORRISO MUNDIAL

Ministério com Crianças. Visa o treinamento de líderes para trabalhar com crianças, a produção de material infantil e a organização de eventos para contribuir com a formação das crianças na visão da conquista de sua herança espiritual.

E-mail: mcmkids@mcmpovos.com

MULHERES CHAMADAS MÃES

Visa a formação de uma rede nacional de mulheres para ensino, intercessão e transmissão de uma visão da conquista da herança eterna de cada mãe.

E-mail: mcmmulheres@mcmpovos.com

Conheça outros títulos publicados pela MCM

A Ação da Cruz

Uma Única Verdade

Os 4 Níveis de Obediência

Criando Fihos Alegres e Obedientes

Dinheiro, É Possível Ter Muito Mais!

Família

Namoro e Noivado

Arando um Campo Novo

Índia, a Fronteira do Sonho

Aos Teus Pés

Um Rio Chamado Amor

Identificando as Raízes de Amargura

Ministrações em Mp3

Ação da Cruz

Adorando em Santidade

Confronto com a Verdade

Ele Virá entre Nuvens

O Amor Nunca Falha

O Homem Medíocre, o Homem Comum e o Homem de Caratér

Características de uma Pessoa Tratada pela Cruz

A Teologia do Cabrito

Derrubando os Portões do Inferno

Conheça outros títulos
Acesse: www.mcmloja.com

Ministrações em DVD

Fortalezas Babilônicas

Moisés: 40 Anos para Tirar as Sandálias

O Escravo

O Líder: Conquistador de Corações

Pedro: O Processo de Todo Servo

Salvação, Galardão e Herança

O Processo de Deus na Formação do Nosso Caráter

Os 4 Níveis de Obediência

Os 5 Efeitos do Jejum

Conheça outros títulos
Acesse: www.mcmloja.com

MCM Publicações
www.mcmloja.com
Rua Santo Antônio, 230 - Setor Santo Onofre
Trindade - Go 75.380-000
(62) 3505.7872

www.ingramcontent.com/pod-product-compliance
Lightning Source LLC
LaVergne TN
LVHW010345200726
843507LV00010B/1658